김규련 수필집

어느 미국 간호사의 삶의 발자국

김규련 수필집

어느 미국 간호사의 삶의 발자국

도서출판 규장

수필가의 말

50여 년 전, 나는 간호사로서 미국이라는 낯선 땅에 첫발을 내디뎠다. 그때의 나는 젊은 여성이자, 꿈과 열정을 품은 간호사였다. 그날로부터 오늘에 이르기까지, 나는 한순간도 다른 일에 눈을 돌리지 않고 오로지 간호사로서의 길을 걸어왔다. 그 길은 때로는 고단했고, 때로는 외로웠지만, 나는 내가 선택한 이 일에 사명감을 가지고 치열하게 살아왔다.

간호사라는 직업은 단순히 생계를 위한 일이 아니었다. 그것은 나의 존재 이유였고, 내가 이 세상에 남기는 흔적이었다. 병상에서 고통 받는 이들을 돌보며, 그들의 아픔을 함께 나누고, 작은 위로와 희망을 전하는 일은 나에게 큰 자부심을 주었다. 하지만 그 길은 결코 쉽지 않았다. 매일이 전쟁과도 같았고, 때로는 내 자신을 잃어버릴 것만 같은 순간들도 있었다.

그런 순간들 속에서 나를 지켜준 것은 바로 글이었다. 처음에는 생각지도 못했던 일이었다. 글을 쓴다? 그것은 나와는 거리가 먼 일처럼 느껴졌다. 하지만 어느 날부터인가, 하루의 일과를 마치고 나면 나도 모르게 펜을 들고 종이에 내 생각과 감정을 쏟아내기 시작했다. 그것은 일기였고, 산문이었고, 때로는 한 편의 수필이었다. 쓰는 동안 나는 내 속에 쌓인 것들을 토해냈고, 그렇게 토해낸 후에야 비로소 내일을 마주할 힘을 얻을 수 있었다.

글쓰기는 나에게 치유의 시간이었다. 하루의 고단함과 아픔, 기쁨과 감동을 글로 옮기면서 나는 나 자신을 다독일 수 있었다. 그것은 마치 내 영혼의 숨결을 기록하는 것과 같았다. 그렇게 써내려간 글들은 나의 삶의 기록이 되었고, 동시에 나를 지탱해주는 버팀목이 되었다.

이제 나는 그동안 써온 글들을 한 권의 책으로 묶으려 한다. 이 책은 단순히 글들의 모음이 아니다. 이것은 나의 삶 그 자체이다. 50여 년 동안 미국에서 이민자로, 간호사로 살아온 나의 치열했던 삶의 기록이다. 그것은 나의 청춘을 바쳤고, 사랑보다 더 사랑했던 내 직업에 대한 기록이기도 하다. 이 책은 나의 고뇌와 기쁨, 좌절과 희망, 그리고 끝내 포기하지 않고 나아간 삶의 여정을 담고 있다.

이 책을 통해 나는 독자들에게 단순히 나의 이야기를 전하려는 것이 아니다. 나는 이 책이 누군가에게 위로가 되고, 용기를 주는 존재가 되기를 바란다. 삶이란 때로는 너무나도 고단하고, 외로울 수 있다. 하지만 그 속에서도 우리는 우리만의 방식으로 버텨내고, 나아갈 수 있다는 것을 나는 이 책을 통해 말하고 싶다.

이것은 나의 과거를 담은 기록이지만, 동시에 아직도 남은 나의 미래를 향한 첫걸음이기도 하다. 이 책이 나의 이야기를 넘어, 많은 이들의 마음에 닿기를 바라며, 이 서문을 마친다.

많은 분들이 나를 사랑해 주었다.

누구보다 나의 사랑하는 남편이 없었다면 나는 이렇게 매일매일 글을 쓸 수 없었을 것이다. 간호사로서의 내 삶의 버팀목이 되어준 당신에게 사랑을 보냅니다. 내 사랑하는 가족 모두에게도 고마움을 전한다.

트래스크와 가든그러브 길에 있는 가든 수필 교실에서 글을 쓰기 시작한 지도 십여 년이 지났다. 작고하신 박봉진 선생님께 삼가 고개를 숙여 감사의 마음을 전합니다.

하정아 선생님, 이현숙, 성민희 선생님께 감사를 드립니다. 내가 슬럼프에 빠져 글쓰기를 게을리 할 때 위로와 격려로 밀어주던 가든 수필 문우들에게도 감사드립니다.

마지막으로 모든 글을 함께 읽어주시고, 작품 한편 한편마다 다듬으며 6편의 작품을 영어로 번역하시고 이 책을 출판할 수 있게 힘써주신 이윤홍 선생님께 감사의 말을 드리고 싶습니다. 모두 모두 감사합니다.

2025년 8월

수필가 김규련

격려사

성민희 수필평론가

먼저 김규련 수필가의 첫 수필집 「어느 미국 간호사의 삶의 발자국」 출간을 진심으로 축하하며, 이 책이 많은 이들에게 의미 있는 울림을 전해 줄 것을 기대합니다.

첫 수필집을 출간한다는 것은 단순히 한 권의 책을 내는 일이 아니라, 자신의 생각과 삶의 조각을 세상에 처음으로 내어놓는 일입니다. 그것은 작가에게도 독자에게도 하나의 새로운 시작입니다. 작가에게는 자신이 지나온 시간과 사유를 돌아보는 계기가 되고, 독자들에게는 또 다른 시각과 감동을 선물하는 과정이 됩니다. 특히 첫 수필집은 자신의 문학적 정체성을 확립하는 동시에 앞으로 나아가야 할 방향을 모색하는 중요한 발판이 되기 때문에 더욱 의미가 크다고 할 수 있습니다.

수필은 흔히 자유로운 형식의 글이라고 하지만 실제로는 그 어떤 문학 장르보다도 치밀한 구성과 진솔한 사유가 요구됩니다. 단순한 감상이나 일상의 기록을 넘어 독자가 함께 공감하고 곱씹을 수 있는 울림을 지녀야 하기 때문입니다. 특히 수필은 작가의 내면과 직접 맞닿아 있으며 사실적인 기록 속에서도 깊은 성찰과 철학이 담겨야 하기에 누군가의 수필집은 한 작가가 자신의 글을 통해 세상과 맺는 본격적인 대화라고 할 수 있습니다. 그것은 본인의 경험 속에서 보편적인 진리를 이끌어내는 작업이라 할 수 있습니다. 김규련 작가의 수필집 역시 이러한 과정을 거쳐 탄생한 것으로, 작품 한 편 한 편 속에 디아스포라 작가로서의 깊은 고민과 성찰이 담겨 있을 것입니다.

수필에서 체험은 객관적으로 기술될 수 있지만, 그 자체는 단순한 사실의 나열이 아니라 작가의 해석과 사유가 덧입혀진 것입니다. 따라서 김규련 작가의 수필을 읽는다는 것은 그녀가 30여 년 동안 살아온 삶의 족적과 철학을 들여다보며 이해하는 계기가 될 것입니다. 「어느 미국 간호사의 삶의 발자국」을 통해 김규련 작가의 긍정의 목소리가 더 널리 퍼지고, 많은 독자의 마음에 닿을 수 있기를 바랍니다. 더불어 이제 수필가로서 우뚝 서셨으니 전통적인 서정이나 서사 수필에서 탈피하여 그 외연을 넓혀갈 뿐 아니라, 인간과 인간의 삶과 세계에 대한 깊고 넓은 인문학적 지평의 확장을 통해 인생의 참가치를 제시하는 수필가가 되시기를 기대합니다.

다시 한 번 김규련 작가의 첫 수필집 출간을 진심으로 축하드립니다.

차 례

수필가의 말 / 5
격려사 / 8

제1부 _ 작은 나눔

가족과 DMZ에서의 하루 ——————————— 16
3일의 추억 만들기 ——————————————— 21
작은 나눔 ——————————————————— 25
나는 미국 간호사다 —————————————— 30
진정한 고향 —————————————————— 36
의사 일라이어스 (Dr. Elias) —————————— 39
바버라와 수잔 ————————————————— 42
카라 백합 (Calla Lily) 같은 친구 ———————— 45
5달러의 행복 ————————————————— 48
기억하고 싶지 않은 추억 ———————————— 50

제2부 _ 가을과 단풍 친구들

기차를 타고	56
세 번째 수술	62
나오미	65
남겨진 따뜻함	69
가을과 단풍 친구들	72
개미와의 타협	76
49일간의 동거	80
국제고아	84
한국식, 미국식	87
후드 레인지	90

제3부 _ 어느 미국 간호사의 삶의 발자국

폴리스 우먼	94
노동의 즐거움	97
코로나바이러스가 준 감사의 재발견	100
생일 축제	103
1961년 1월 19일	106
보청기 (Hearing Aid)	109
우왕좌왕 탐정놀이	111
남편의 발이 생긴 날	115
어느 미국 간호사의 삶의 발자국	117
금혼식	120

제4부 _ 4월의 아픔을 넘어서

그들만의 추억 쌓기 — 124
간호사의 변 — 126
독일에 사는 친구 — 129
오빠의 길, 나의 길 — 132
진주 목걸이 — 136
기도의 강물 — 138
옥이의 소원 — 141
범사에 감사 — 144
4월의 아픔을 넘어서 — 146
골프 치는 날 — 150

제5부 _ 25달러의 릴레이

25달러의 릴레이 — 154
격납고에서의 결혼식 — 157
운전 면허증 갱신 — 159
회복의 기도 — 162
추억 속의 만남 — 164
세계 야구대회 — 167
Two Tower — 170
칭찬의 미학 — 173
탈린 — 176
자이언스 협곡 여행기 — 179

제6부 _ 바다가 울고 있다

오랜만의 재회 — 184
바다가 울고 있다 — 187
볼몬-제퍼슨 클리닉 — 190
실버아카데미 — 193
박완서 작가의 해산 바가지 — 196
그린랜드에서의 하루 — 200
잃어버린 샌들 한 짝 — 203
여권 — 206
헛똑똑이 — 208
개들의 세상 — 211

제7부 _ 영어 작품 여덟 편
1-6 : Translated By Yoon H. Lee

1. A Friend Living in Germany — 216
2. Daily Life in an Obstetrics and Gynecology Ward — 220
3. The True Hometown I Found in Huntington Beach — 224
4. Having a Dream — 228
5. In-law — 232
6. Making Memories in 3 Days — 237
7. My mother By Carolina R Hahn(Daughter) — 243
8. My Grandmother's Truth By Naomi Hahn(Granddaughter) — 247

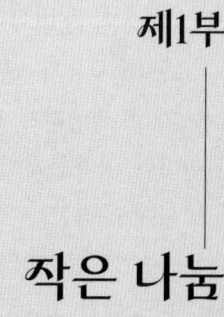

제1부

작은 나눔

가족과 DMZ에서의 하루

나의 근무지인 병원은 인간의 삶에서 가장 철학적인 공간 중 하나였다. 그곳은 생명의 시작과 끝이 공존하는 장소이며, 희망과 절망, 고통과 치유가 교차하는 독특한 현장이다. 병원은 삶의 무상함을 가장 생생하게 드러내는 공간이다. 여기서 우리는 인간의 몸이 얼마나 연약한지, 그리고 그 연약함 속에서도 얼마나 강인한지를 동시에 목격한다.

나는 미국에서 40여 년을 간호사로 근무하고 있다. 인간의 삶에서 결코 짧지 않은 시간이다. 병원의 흰색 벽과 무균 상태의 침대, 생명을 지키기 위해 쉼 없이 뛰어다니는 나날들. 그곳에서는 죽음과 삶이 교차하고, 고통과 치유가 공존한다.

오랜만에 잠시 가족과 함께 한국을 찾았고, 오늘 이곳에 서 있다. 분단의 상징이자, 한반도의 아픔이 고스란히 담긴 DMZ. 이곳에서의 하루는 마치 시간이 멈춘 듯 고요하지만, 그 속에는 수십 년의 역사와 인간의 욕망, 상실, 희망이 응축되어 있음을 느낀다.

도라 전망대에 서서 북쪽을 바라본다. 서부전선 군사분계선 최북단에 자리하고 있어 개성공단과 개성시 변두리 모습까지 조망할 수 있는 곳이다. 유리창 너머로 보이는 북한 땅이 너무나도 가까워 70년이 가까운 세월 동안 서로 그리워만 하며 살아왔다는 게 더 가슴 아프게 다가왔다.

저 곳의 철책과 감시초소, 땅속에 묻힌 지뢰들. 이 모든 것들은 전쟁의 잔재이자, 평화를 갈구하는 인간의 염원이자, 동시에 분단의 상처다.

나는 간호사로서 수많은 생명을 지켜보았지만, 이곳에서는 생명이 아니라 죽음이 더 강렬하게 느껴진다. 병원이 목숨을 살리려고 애쓰는 곳이라면 이곳은 목숨을 빼앗으려는 곳이다. 같은 동족이면서도 세계에서 가장 적대시 하고있는 남과 북의 경계선. 땅속에 묻힌 수많은 영혼들이, 아직도 자신의 이야기를 전하려는 듯 조용히 속삭인다.

제3땅굴 탐험은 생각보다 힘든 여정이었다. 1978년 발견된 이 남침 땅굴은 길이 1,635m, 높이 2m, 폭 2m로 1시간당 3만 명의 병력이 이동 가능한 규모라고 하는데 서울에서 위치가 52km 거리에 있어 1, 2땅굴보다 더 위협적인 것으로 평가되었다고 한다. 남과 북으로 갈라져 있는 우리의 아픈 현실을 가장 잘 보여주는 곳이다. 좁고 가파른 터널을 따라 깊숙이 내려가면서 우리 민족의 아픈 역사를 온몸으로 체험하는 듯한 기분이 들었다. 땅속에 슬픔이 자라나고 있는 느낌을 받았다.

나는 멀리 철책을 바라보며 생각한다. 이 철책은 단순히 물리적인 경계가 아니다. 그것은 인간의 이념과 욕망, 두려움과 불신이 만들어낸 상징이다. 나는 미국에서 수많은 환자들을 돌보며 그들의 고통을 나누었지만, 이곳의 고통은 너무도 크고 깊어 나의 힘으로는 어쩔 수 없음을 깨닫는다. 분단은 단순히 국경을 가르는 선이 아니다. 그것은 가족을 갈라놓고, 친구를 떼어놓으며, 한 민족의 정체성을 흔드는 상처다. 그 상처가 오늘따라 더 진홍의 핏자국으로 다가온다.

판문점을 지나며 나는 잠시 숨을 죽인다. 남과 북을 가르는 그 작은 경계선. 단 몇 걸음만 내딛으면 다른 세상으로 넘어갈 수 있는 곳. 그런데 그 몇 걸음이 왜 이렇게도 멀게 느껴지는가? 나는 간호사로서 수많은 환자들을 돌보며 그들의 고통을 나누었지만, 이곳의 고통은 너무도 크고 깊어 나의 힘으로는 어쩔 수 없음을 깨닫는다.

판문점은 단순히 물리적인 공간이 아니다. 그것은 인간의 이념과 정치, 역사가 만들어낸 비극의 현장이다. 나는 이곳에서 수많은 사람들의 눈물과 한숨을 느낀다. 가족을 잃은 이들의 아픔, 친구를 떠나보낸 이들의 그리움, 그리고 한 민족의 분열을 바라보는 이들의 절망. 이 모든 것이 판문점의 공기에 스며들어 있다.

나는 이곳에서 한 가지 질문을 던진다. 우리는 왜 서로를 이해하지 못하는가? 우리는 왜 상처를 주고받는가? 우리는 진정으로 평화를 원하는가? 나는 이 질문에 대답할 수가 없다. 나는 누구도 이 질문에 시원한 답을 나에게 줄 수 없다는 것이 너무도 안타깝다.

DMZ의 생태계를 바라본다. 이곳은 인간의 손이 닿지 않아 오히려 자연이 그 본래의 모습을 되찾은 곳이다. 멸종 위기의 동물들이 이곳에서 안전하게 살아가고, 희귀한 식물들이 자라고 있다.

인간의 탐욕과 폭력이 만들어낸 비극의 공간이, 오히려 생명의 전이 된 아이러니. 나는 이곳에서 자연의 회복력을 본다. 아픔이 치유될 수 있다는 희망을 본다. 하지만 동시에, 이 자연의 아름다움이 인간의 분열 위에 피어났다는 사실에 가슴이 먹먹해진다. 우리는 왜 이렇게까지 서로를 증오하고, 상처를 주고받는가? 우리는 왜 이 아름다운 자연을 파괴하고, 생명을 위협하는가? 나는 오늘 답을 들을 수 없는 질문 투성이다.

DMZ를 떠나며 나는 뒤돌아본다. 내 시야에 경계선은 점점 아득해 보인다. 이곳에서의 하루는 마치 한 편의 철학적 명상처럼 느껴진다. 인간의 삶과 죽음, 분열과 화해, 상처와 치유. 이 모든 것이 DMZ라는 공간에 고스란히 담겨 있다. 나는 간호사로서 수많은 생명의 아픔을 공유하며 왜? 라는 질문도 던져보았지만 이곳에서는 더 큰 질문을 마주하게 된다.

우리는 진정으로 평화를 원하는가? 이 질문은 나의 마음속에 깊이 박혀, 오랫동안 나를 괴롭힐 것이다.

나의 가족들은 어떻게 오늘의 관광을 어떻게 받아들였을까? 나는 그들에게 묻지 않을 것이다. 모두 나름대로 오늘의 모습을 가슴에 새기고 생각할 것이다. 오늘의 경험을 통해 아이들이 좀 금 더 깊이 한국을 생각하고 바라보아주기를 기대할 뿐이다.

40년을 미국에서 살며 나는 인간의 생명을 지키기 위해 의사와 함께 노력했다. 하지만 이제 나는 깨닫는다. 병실에서 생명을 지키는 것만으로는 충분하지 않다는 것을. 이곳은 단순히 분단의 상징이 아니라, 우리 모두가 마주해야 할 인간의 본질적인 질문을 던지는 공간이다. DMZ에서의 오늘 하루는 나에게 단순한 경험이 아니라, 그동안 간호사로서 느꼈던 인간의 삶과 죽음, 분열과 화해에 대한 더 깊은 성찰을 안겨주었다. 나는 다시 미국으로 돌아가 휴가 전과 마찬가지로 간호사로 일할 것이다. 그러나 내가 환자들을 바라보고 대하는 마음은 어제와는 다를 것이다.

3일의 추억 만들기

"오면 좋고, 가면 더 반갑다"는 세 손주들이 2박 3일간 우리 집에서 지내기로 했다. 큰딸의 아들이자 첫 외손자인 11살 "대린(D)"이는 벌써 틴에이저 흉내를 낸다. 부르면 대답도 잘 안 하고, 부탁을 해도 들은척 만척이다. 성격 급한 나와 자주 부딪힌다.

아기였을 때는 얼마나 예뻐했던가. 두세 살 무렵 아기집에 다닐 때는 내가 일하는 시간까지 조정해가며 매일 픽업을 해 줬었다. 물론 D는 기억조차 못 하겠지만, 나는 그만큼 사랑과 정성을 쏟았는데, 그 마음을 모른다는 게 서운하기도 하다. 이번에도 추억 만들기 여름휴가로 3일간 우리 집에 오기로 했는데, 솔직히 기대보다는 걱정이 앞섰다.

아침에 일어나면 무엇을 먹여야 할지 가장 큰 고민이었다. 단것과 미국 음식을 좋아하는 D는 베이컨과 소시지만 찾는다. 평상시는 빵과 계란 정도를 먹고, 가끔 샐러드를 먹기도 하지만, 우리 식탁은 그에게 실망스러울 수밖에 없다. 그렇다고 몸에 좋지 않은 베이컨을 매일 줄수도 없는 노릇이다.

하루 일정 중 가장 쉬운 일은 바다에 가는 것이었다. 비치 타월 네 개, 선크림, 스노클, 물과 음료수를 넣은 가방은 혼자 들기엔 묵직했다. D에게 도움을 요청했더니, 미국에서 태어난 꼬마 신사는 자청해서 들어주기는커녕 무겁다고 찡얼댄다. '그럼 70이 넘은 할머니가 들고 가야 하니?' 하고 되묻고 싶었다. 정말 2세보다 3세 아이들이 더 안 통하는 것 같다. 말뿐만 아니라 문화 자체가 다르다. 어렸을 때는 그저 귀엽기만 했지만, 다섯 살만 되어도 개성이 강해지고, 싫든 좋든 자기 의견을 분명히 말한다.

  점심 메뉴를 정하려고 하니 셋 다 원하는 것이 다르다. D는 인앤아웃 햄버거, 8살 나오미(N)은 치폴레(멕시칸식 샐러드), 막내 리아(L)은 커리라이스를 먹고 싶다고 했다. 결국 햄버거를 점심으로 먹고, 저녁에 커리라이스를 하기로 결정했다.

  8살 N은 '드라마 퀸'이다. 얌전한 척하면서도 할 말은 다 하고, 감정 기복도 심하다. 혼자 연극을 하고, 춤을 추고, 노래도 부른다. 한참 웃다가도 갑자기 울고, 오빠와 다툴 때는 말이 천상유수처럼 쏟아진다. 이 아이들은 부모가 집에서 영어만 사용하니 한국어를 접할 기회가 적어 전혀 못 한다. 토요일마다 한국 학교에 보내는 집도 있지만, 우리 손주들은 스포츠와 발레를 배우느라 한국어 교육을 받을 시간이 없다. 그 때문인지 2~3개 국어를 하는 아이들보다 영어 어휘력은 더 풍부한 것 같다. 큰딸은 우리에게 아이들이 못 알아들어도 한국어를 쓰라고 하지만, 답답한 건 우리다. 그나마 아는 영어 단어를 총동원해도 소통이 쉽지 않은데, 한국어를 쓰면 더욱 어렵지 않겠는가. 손주들과 대화가 통해야 마음도 통하고, 그래야 추억도 만들어질 텐데.

  며칠 전 한국에서 동생 부부가 7살 외손녀를 데리고 왔다. 그 아이는 한국어를 너무나 자연스럽게 구사하고, 우리와 같은 세대를 사는 듯한 느낌이 들어 속으로 부러웠다. 한국에서 온 조카들은 우리와 더 쉽게 마음을 나누고 대화가 통하는데, 손주들과는 어쩐지 거리감이 느껴졌다. 가족이라고, 할아버지 할머니와 손주 사이라고 다 통하는 것은 아니었다. 이 갭을 어떻게 메울 수 있을까? 한국어 교육을 소홀히 하지 않고, 한국에 자주 보내는 것이 중요하다는 생각이 들었다. 가족끼리 말과 문화가 통하지 않는다는 것은 참 슬픈 일이다. 50년 전 이민을 올 때는 미처 생각지 못한 현실이 이제야 닥쳐온다. 아이들이 더 크기 전에 한국어를 가르쳐야겠지만, 내 자식이 아니니 충고 이상의 역할을 할 수 없다는 것이 속상할 뿐이다. 남편은 아랑곳하지 않고 아이들이 못 알아듣든 말든 한국어로만 이야기한다. 그러다 보니 종종 서로 독백을 하듯 동문서답하는 모습에 폭소를 터뜨릴 때도 많다.

막내 L은 이제 막 다섯 살이 됐다. 오빠와 언니에게 막무가내로 굴고, 자기 뜻대로 되지 않으면 울음으로 해결하려 든다. 너무 영리해서 어른들까지 자기 뜻대로 움직이게 하는 재주가 있다. "할머니, 이 옷 예쁜데 사주실 수 있어요?" "할머니, 팬케이크 먹고 싶은데요." 요구는 간단하지만, 들어주기는 쉽지 않다. 보통 아이들처럼 차려진 음식을 먹는 것이 아니라 자기 주장을 강하게 내세운다. 엄마, 아빠 없이 할머니 집에서 2박 3일을 지내는 게 쉬운 일은 아니었을 것이다. 엄마가 여행 중이고, 아빠는 일하느라 어쩔 수 없이 와야 했다는 걸 알지만, 밤이 되면 엄마를 찾으며 통곡을 한다. 사실은 단순히 울고 싶은 이유를 찾는 것일지도 모른다. 그래도 귀여운 아이다. 두 살 때부터 유치원에 다니며 단련되어, 이제는 킨더가든에 입학한다. 남들이 절대 만만하게 볼 수 없는 강한 성격을 가졌고, 오빠와 언니 밑에서 터득한 생존 방식으로 세상을 헤쳐나갈 것이다. 아이들 사회에서도 '왕따'가 존재한다고 하지 않던가.

'호랑이보다 무서운 여름 손님'이라는 옛말도 있고, '물고기와 여름 손님은 3일이면 냄새 난다'는 서양 속담도 있다. 3일 동안 벨라테라에서 '리오 2' 영화를 보고, 두 번이나 바다에 나가 수영도 했다. 매일 2시간씩 수영을 하던 D는 점프하다 이마에 영광의 상처를 얻었지만, 그만하기 다행이었다. L은 월마트에 가서 학교 준비물도 사고, 아이스크림도 사 먹었다. 정신없이 바빴지만 달콤하고 행복한 시간이었다.

그들이 떠난 후, 오랜만에 새벽 2~3시에 깨지 않고 푹 잘 수 있어서 감사했다. 마음 한편에서는 같이 놀고 웃던 기억이 나며 그들과 지난 시간이 새록새록 그리워졌다. 다음번 추억 만들기는 더 멋진 계획을 세워야겠다. 3세대와 1세대의 차이를 더욱 좁혀볼 방법을 찾아야 할 것 같다.

작은 나눔

간호사의 일터는 각기 다르지만, 내게 가장 깊이 새겨진 곳은 외래병동이었다. 나는 40여 년간 숨 쉴 틈 없이 환자들을 돌보며 부딪치기도 하면서 보냈지만, 그 속에서 삶의 의미를 찾았다. 그곳은 단순히 일하는 곳이 아니라, 나의 인생이 피어난 정원이었다.

내가 미국 정식 간호사 시험을 통과한 후 첫 직장은 LA 메디컬 센터 외래병동이었다. 그곳에서 7년을 보낸 뒤 UCI 얼바인 대학병원으로 옮겨 역시 외래병동에서 근무했다. 이후 25년 동안 슈퍼바이저로 일하다가 은퇴한 것이 내 삶의 여정의 결실이 되었다. 그 길고 긴 시간 속에서 나는 수많은 환자들과 눈물과 웃음을 나누며, 그들의 삶에 조금이나마 위로가 되고자 애썼다.

1976년, 첫딸이 면역 주사를 맞아야 해서 저소득층 환자 병동을 찾았다. 의사와 대화중에 간호사 자리가 있다는 말을 듣고 즉석에서 자원했다. 어렵게 인터뷰를 통과해 미국 병원의 간호사로 일하기 시작했다. 그 당시 나의 영어는 짧았다. 그러나 지성이면 감천이라고 했던가. 손짓, 발짓, 표정을 총동원해 면접관을 감동시켰다. 그렇게 외래병동과의 첫 만남이 시작되었다. 대부분이 한자는 흑인이었고, 스페인어를 쓰는 멕시코계 환자들도 많았다. 의료진 또한 대부분 흑인이나 멕시코계였다. 나만이 유일한 한국인이었다.

흑인 특유의 영어 발음은 영어 초보자인 나에게는 해독 불가능에 가까웠다. 간간히 알아듣는 몇 마디로는 환자들을 이해하기 어려웠다. 언어 장벽으로 인해 환자들과의 소통이 어려워지자 어떤 환자는 영어도 제대로 못하는 간호사가 있다며 의사에게 불평하기 시작했다. 그럴 때마다 나는 얼굴이 화끈거리고 어디론가 숨고 싶었다. 전화가 오면 다른 방으로 피하는 일도 다반사였다. 그러나 피한다고 해서 일이 해결되는 것은 아니었다. 오히려 나를 코너로 몰고 가는 격이었다. 나는 맞서기로 했고, 그들이 말을 못 알아들을수록 더 당차게 나아갔다. 당황한 것은 환자들이었다. 그렇게 시간이 지나면서 나는 조금씩 환자들의 발음과 억양을 이해하기 시작했다. 그 순간마다 나는 작은 승리를 거머쥔 기분이 들었다.

외래병동은 다양한 사람들로 가득 찬 인간 박물관이다. 생김새, 습관, 성격 모두 다 달랐다. 나는 다양한 환자들과 비빔밥이 되기로 결심하며 그들과 하나의 색깔, 하나의 맛을 낼 수 있도록 노력했다. 병원에는 필리핀 간호사들이 많았다. 그들은 영어도 능숙했고 단결력도 뛰어났다. 선배 간호사로서 텃세를 부리는 일도 많았고, 유독 힘든 환자는 한국 간호사인 나에게 떠넘기곤 했다. 다른 나라 간호사였다면 벌써 병원을 떠났을지도 모른다. 그러나 나는 떠나지 않았다. 나에게 힘든 환자는 다른 환자를 잘 다룰 수 있는 힘과 기술과 경험을 주었다. 그들은 나의 스승이었다.

힘든 나날 속에서 나는 외과 전문의이자 원장이던 닥터 터너와 함께 일할 기회를 얻었다. 그는 가톨릭 신자로 따뜻한 마음을 가진 사람이었다. 내 영어가 부족했지만, 성실하게 일한다는 것을 알고 있었다. 어느 날 한 환자가 터너와의 예약을 원했으나, 너무 많은 환자로 인해 나는 그 환자에게 다음 날을 권유했다. 환자는 화가 나서 나를 나쁜 간호사라고 불평했다. 그때 터너는 단호하게 말했다. "나와의 예약은 큐가 책임자입니다. 큐의 말대로 하세요." 그 순간 이후로 나를 무시하거나 부당한 요구를 하는 환자는 사라졌다. 터너는 내게 영어 발음 교정을 도와주고, 운전을 가르쳐 주었으며, 첫딸의 베이비시터 역할까지 해주었다. 그는 지금까지도 잊을 수 없는 은인이다. 그의 따뜻한 마음과 신뢰는 나에게 큰 힘이 되었다.

점심시간이 되면 닥터 터너는 자주색 캐딜락을 타고 나를 미국 음식점으로 데려가곤 했다. 그 시절 우리 집에는 차가 한 대뿐이어서 남편이 나를 직장까지 데려다주고, 딸을 어린이집에 맡긴 후 출근했다. 퇴근 후에는 남편이 딸을 픽업하고 나를 태우러 오는 생활이었다. 매일 서서 일하다 보니 다리에 알통이 생길 정도로 힘든 날들이었지만, 나를 인정해 주는 사람들이 늘어나면서 한국 간호사 친구들을 병원에 추천할 기회도 생겼다. 그 후 나는 아이들을 위해 주말 근무로 스케줄을 변경했는데, 그때 병원이 매각되면서 해고되었다. 그 순간 나는 허탈감에 빠졌지만, 곧 다시 일어설 힘을 찾았다.

이후 UCI 대학병원 외래병동에서 새로운 자리를 얻었다. 큰 병원이었지만 한국 환자를 위한 전문 통역사는 없었다. 반면 베트남과 스페인어권 환자들은 병원이 고용한 통역사의 도움을 받았다. 부러운 마음에 나는 간호 업무를 하면서 자원봉사로 통역을 맡았다. 응급실, 암 병동, 방사선실 등 한국어 통역이 필요한 곳이라면 어디든 달려갔다. 어떤 날은 하루 종일 통역을 하며 병원 전체를 누볐다. 응급실에서 한국 환자가 세상을 떠났을 때는 퇴근 후에도 남아 유가족과 함께 밤을 지새웠다. 그들의 눈물을 닦아주며 나도 함께 울었다. 그 순간마다 나는 간호사로서의 사명감을 다시 한 번 느꼈다.

　이러한 경험을 통해 나는 많은 것을 배웠다. 첫째로, 언어와 문화의 장벽을 넘어서는 힘을 배웠다. 새로운 환경에서 적응하며 겪은 어려움들은 나를 더 강하게 만들었다. 둘째로, 다양한 사람들과의 만남을 통해 인간관계의 중요성을 깨달았다. 환자들과의 소통, 동료들과의 협력, 그리고 멘토의 지도는 나의 성장을 이끌어 주었다. 셋째로, 나눔과 봉사의 가치를 배웠다. 자원봉사자로서 통역을 맡으며 환자들의 고통을 덜어주고자 한 노력은 나에게 큰 보람을 안겨주었다. 이러한 모든 것들 가운데서도 특히 나에게 간호사로서의 사명을 깊이 느끼게 했던 것은 휴가를 받아 한국을 방문하고 DMZ를 방문했던 일이었다. 비록 하루 반나절이었지만 한국의 휴전선을 방문하고 난 후의 나는 환자들을 생각하는 마음이 더 깊어졌고 삶과 죽음에 대해 더 신중하게 생각할 수 있게 되었는데 그 생각은 지금도 동일하다.

　어릴 적 간호사가 되어 환자의 고통을 덜어주고 싶었던 꿈을 미국의 외래병동에서 이루었다. 언어 장벽으로 상처받는 환자들을 도울 수 있어 보람을 느꼈다. 은퇴한 지 10년이 지난 지금도 병원에서 통역 요청이 오면 거실 전화기 앞에 앉아 3자 통화를 한다. 어린 시절 나이팅게일을 꿈꾸던 나의 모습과 노년이 된 지금을 돌아보며, 나는 여전히 이 나눔의 숲속에서 잔잔한 행복을 느낀다.

나는 이제 은퇴 후의 삶을 살고 있지만, 간호사로서의 경험은 여전히 내 안에 살아 숨 쉬고 있다. 병원에서 통역 요청이 올 때마다 나는 기꺼이 도와주며, 이 작은 나눔이 다른 이들에게 큰 힘이 될 수 있음을 실감한다. 그 행복은 나의 인생을 빛나게 하는 보석과 같다.

나는 미국 간호사다

오랜만에 집에서 쉬는 시간이 생겨 수십 년간 모아둔 일기장을 읽었다. 내 간호사 생활의 단면을 기록해본다.

1989년 3월 29일 (수요일)
오늘은 알레르기 클리닉 근무 날이다. 첫 환자는 8살 아이로, 등에 알레르기 검사 약을 바르는 중에 아프다고 울었다. 또 너무 움직여서 환자 엄마와 둘이 붙잡고 검사를 끝내고나니 내 온몸에 진땀이 났다. 미국 아이들은 땅콩 알레르기가 많은데, 이 아이도 그중 하나였다. 히스패닉 엄마와는 언어가 통하지 않아 스페인어 통역을 불러 설명했다. 검사 결과 견과류 알레르기가 심했다. 환자 엄마는 땅콩을 줬다가 아이가 혼수상태에 빠질 뻔한 적이 있었다고 말했다. 아이에게 휴대용 항 알레르기 주사를 처방하며 마음이 무거웠다.

1989년 4월 4일 (목요일)
오늘은 정형외과에서 인력 부족이라고 지원을 요청해 도와주러 내가 갔다. 대학 외래병원에는 간호보조사가 정식 간호사(R.N)보다 많다. 그곳 책임자 그래디스는 키가 무척 큰 흑인 여성으로 키와 목소리만으로도 압도적인 존재감이 다가온다. 작은 동양인 여자인 내가 계급이 높다는 게 마음에 안 들었는지, 힘든 일을 다 떠넘겼다. 오늘도 나를 하인처럼 부렸다. 흑인 동료들의 특성을 아는 나는 맞대응으로 큰소리를 쳤다. 약한 자를 얕보는 그들의 성향을 겪으며, 살아남으려면 용기를 내야 함을 다시 깨달았다.

2005년 6월 24일 (금요일)

알마가 결석이다. 그녀는 심장과 의사 엘렌과 호흡이 잘 맞는 멕시칸 간호보조원이다. 오랜 경력으로 클리닉 사정에 밝아 의사 비위도 잘 맞추고, 스페인어 통역도 자주 한다. 하지만 가끔 나를 무시하는 눈치다. "영어가 서툰 감독"이라며 내 권위를 의심하는 듯한 태도가 나를 마음 아프게 한다. 한국인으로서의 자존심으로 버틴 지도 5년째다.

2005년 6월 30일 (목요일)

엘마는 1시간, 메릴린은 30분이나 지각했다. 나는 그들의 업무까지 떠안아 환자 혈압을 재고, 체중을 측정하고, 진료실로 안내하느라 정신없이 뛰었다. 새로 온 정식 간호사 리사는 아직 일에 서툴러 도움이 되지 않았다.

2005년 7월 1일 (화요일)

월급 명세서를 보니 감독 승진 후에도 인상이 없었다. 간호과장 씬디에게 문의하니 "직접 인사과에 문의하라"는 냉담한 답변. 인사과 데일에게 이메일을 보냈다. 미국에서는 스스로 권리를 주장하지 않으면 아무도 돌봐주지 않는다. 이 병원은 병원장부터 말단 사원까지 모두 동일한 의료 혜택과 연금을 받는 민주적인 공간이지만, 그 안에서도 투쟁은 필요하다.

2005년 7월 22일 (금요일)

리버티가 어머니 퇴원을 이유로 연차를 썼다. 그녀는 주 1회 결근이 일상인데, 매번 일을 나에게 미뤄둔다. 필리피노 출신인 그녀는 영어가 유창해 매니저 자리를 얻었지만, 업무 태도는 형편없다. 내가 영어를 더 잘 배웠더라면 하는 후회가 밀려온다.

2005년 8월 19일 (금요일)

한국인 노부부가 폐 전문의 진료를 위해 왔다. 남편은 환자랑 방에 들어가도 도움이 안 된다고 밖에서 기다린다고 했다. 70세가 넘은 할머니는 아들이 변호사라 바빠 함께 오지 못했다며 자랑스레 말한다. 진료 후 의사가 병세가 심각하다며 가족에게 알릴 것을 요청했는데, 아들은 "어머니가 얼마나 아픈지 몰랐다"하고, 딸들은 "엄마가 아들만 편애해서 엄마를 싫어 한다고" 했다. 몇 달 후 그 환자는 병원 중환자실에 입원을 하고 있다가 세상을 떠났다. 자식들이 찾아오지 않아 내가 환자가 입원해 있는 방에 찾아가 마지막 순간까지 통역을 해 주었다.

2005년 9월 12일 (월요일)

연방정부 검사관이 방문하는 날이다. 6개월 전부터 준비한 자료를 검토하던 중, 오래된 환자 동의서가 섞여 있다는 지적을 받았다. 나는 사소한 문제였지만 검사관의 눈살을 찌프리게 했고, 간호과장의 불편한 시선을 감쌀 수 없었다. 많은 준비를 했고 힘들게 일했지만 일 한 만큼 칭찬을 못 받아 마음이 상한 날이었다.

2005년 9월 27일 (화요일)

메니저 리버티와 프론트데스크 감독 마리아가 동시에 결근했다. 둘은 같은 동네 친구로, 서로의 사생활까지 도우며 유대감을 과시한다. 덕분에 그들 사이에서 나는 외톨이다. 마리아는 갱단에 연루된 아들을 총격으로 잃은 후, 로즈 힐 묘지에 꽃을 놓는 게 일과가 됐다. 모두가 상처를 안고 살아간다. 그래도 세상은 무심히 돌아갈 뿐이다.

2005년 9월 28일 (수요일)

에이즈 클리닉 배정을 통보받았다. 당시 에이즈 환자 증가로 병원마다 꺼리는 부서였는데, "만만한 동양인인" 나에게 미뤄진 느낌이었다. 오늘 환자는 우리 병원 소아과 의사 밀러였다. 평소 단정한 그가 헐렁한 운동복을 입고 헬쑥한 얼굴로 나타났을 때는 심장이 내려앉았다. 탈수로 혈관이 가라앉아 수액 주사 바늘을 놓기까지 고생했다. 피가 튀어 장갑에 온통 빨강색으로 물들었어도 두렵기 보다는 당장 환자를 안정시키는 게 급했다. 혹시나 혈액이 전염 되었을까봐 의사가 에이즈 혈액 검사를 하라고 나한테도 오더가 났다. 일주일 후 나의 에이즈 검사 결과는 음성이었다. 간호사는 환자를 위해서 일 할 때 맡은 임무를 다 하는 것 이 철학이다. 그 날 에이즈 검사를 받으니 40년 전 병원에서 일 할 때 일이 기억났다. 어느 날 밤 나는 방사선 동위원소 환자를 간호하라는 오더가 내렸다. 그때 나는 임신 8개월이었다. 납으로 된 갑옷을 입고 환자 방에 들어갈 때마다 새로 태어날 아기에게 미안했다. 다행히 아무 부작용이 없이 아기는 태어났다.

2008년 9월 11일 (목요일)

영상의학과에서 한국인 환자가 응급 상황이라며 나를 통역하라고 불렀다. 엑스레이 촬영 중 의식을 잃은 60대 남성이었다. 당뇨가 조절이 안 되어서 내분비과 환자로 자주 나를 찾아왔었다. 예전엔 정정했으나 이제는 혼자 걷기조차 힘들어졌다. 딸이 엘에이 검사관으로 일한다며 자랑하던 그의 말이 떠올랐다. 내 첫째 딸이 검사직에 지원했을 때, 그의 딸이 면접관이었단 사실을 나중에야 알았다. 인연은 참 묘하다.

2006년 11월 6일

주 정부에서 하는 의료검사가 잘못 되었다는 핑계로 나한테 직속상관이 불만을 품고 나를 히스패닉 마을 외래병동으로 좌천시켰다. 스페인어를 모르는 나는 환자와 동료 모두와 소통할 수 없는 감방 같은 곳에서 하루하루를 버텼다. 어느 날 점심시간에 소아과 문을 닫았다가 간호과장의 호통을 들었다. "아이들 응급 상황이 닥치면 네 책임이다!" 뒤에서 누군가가 점심시간에 소아과 문을 닫았다고 고자질한 모양이다. 미국인들은 겉으로는 웃으며 대하지만, 뒤에서는 칼을 간다.

내가 얼마 전 신문에서 읽은 얘기 한 편을 여기다 적어 보려고 한다. 미국 직장인들은 서로 뒷담하고 뒤에서 칼로 찌르는 일을 한국 신참 남자 간호사가 일하던 병원에서 당하고 간호사직을 아주 떠났다고 한다.

남자 간호사는 휠체어로 환자를 방사선과에 데려다준 후, 환자가 끝나기를 기다리는 동안 의자에 앉아서 발로 탁탁 리듬을 맞추는 것을 어느 지나가던 직원이 보았다고 했다. 그 사람은 간호감독에게 가서 고자질했단다. 남자 간호사는 자기는 발을 탁탁거리지 않았다고 부인을 했지만 감독은 그 일로 사표를 내라고 했다. 나도 모르게 실수하면 항상 누군가의 눈에 걸린다. "달러 벌기가 쉽지 않다"는 말이 뼈에 사무치는 경험을 한 순간 들이 나도 많았다.

후기

40년 가까운 간호사 생활은 차별과 투쟁의 연속이었다. 하지만 환자의 미소나 감사 인사 한마디면 모든 고난이 희미해진다. 일기장의 얘기가 어제 일 같이 생생하다. 어려울 때마다 해결책이 없을 것 같았다. 그러나 모든 것은 또 지나가리라 하며 살았다.

진정한 고향

나의 고향은 강원도이다. 그러나 여섯 살에 그곳을 떠나 서울에서 초등학교부터 대학교까지 졸업했다. 올해 강릉을 방문했을 때, 내가 아는 사람은 100세를 넘긴 고모 한 분뿐이었다. 고모는 홀로 외롭게 살고 계셨다. 나를 반갑게 맞아 줄 친구나 친지가 없는 그곳에서, 내가 그리던 진정한 고향이란 무엇일지 다시 생각하게 되었다. 텔레비전 속에서 그리던 고향 산천은 현실 속에 존재하지 않았다.

서울에서의 삶도 다르지 않았다. 초등학교 친구는 어디 있는지 알 수 없었고, 중학교와 고등학교 친구들과는 인사동 한복판에서 만나 잠깐의 점심을 함께한 후 헤어졌다. 대학 친구들과도 마찬가지였다. 그렇다면 고향은 꼭 시골이어야만 하는 걸까? 강릉은 이미 내가 기억하던 시골이 아니었다. 어릴 적 뛰놀던 친구들도 이름조차 기억나지 않았다.

1980년 9월, 네 살과 한 살 된 딸, 남편과 나는 몬테벨로에서 헌팅턴 비치로 이사했다. 이사 첫날, 집 앞에 세워둔 차 유리에 누군가 쪽지를 끼워 놓았다. 자동차를 옮기라는 내용이었다. 옆집 사람이 쓴 것 같았다. 그 순간, 옛 동네가 그리웠다. 헌팅턴 비치는 당시 70%가 백인이었고, 백인 우월주의가 강하다고 알려진 도시였다. 43년 전 그들의 텃세는 지금보다 훨씬 더 심했다. 하지만 세월이 흐르며 헌팅턴 비치도 변했다. 동양인의 수가 늘어나면서 차별도 많이 줄어든 것 같다. 지금 내가 사는 게이트 커뮤니티 안에도 한국인이 다섯 가구나 있다. 서로 바빠 자주 만나지는 못하지만, 마주칠 때마다 반갑게 손을 흔들며 인사를 나눈다.

헌팅턴 비치로 이사 온 지 2년 만에 계획에도 없던 임신 소식을 들었다. 남편은 한국에 계신 시아버지의 위독 소식을 듣고 떠난 상태였다. 나는 혼자서 유산을 고민했다. 당시 아기를 돌볼 사람도 없었고, 경제적으로도 넉넉하지 못했기 때문에 세 아이를 기른다는 것은 상상도 할 수 없었다. 그러나 친정 언니의 조언에 마음을 돌렸다. 언니는 "누가 아니? 뱃속의 아이가 아들일 수도 있잖아?"라며 나를 설득했다. 몇 달 후 태어난 아이는 정말 아들이었다. 그해 우리 동네에서는 아들만 여섯 명이 태어났고, 아들은 그들과 유치원도 같이 다니고 동네에서 함께 자라났다.

아들 친구들의 엄마들과도 자연스럽게 친해졌다. 아이들이 보이스카우트 캠핑에 갈 때면 함께 어울렸고, 야구 경기가 있을 때는 원정 경기도 따라다녔다. 제러미라는 아이의 엄마 대비는 특별히 나를 잘 챙겨주었다. 내가 일하는 동안 우리 아들을 데려다 점심을 차려주고, 다른 아이들과 함께 놀게 하며 돌봐주었다. 지금도 우리는 페이스북 친구로 소식을 주고받고 있으며, 옛 동네를 방문할 때면 여전히 그곳에 사는 대비와 만나곤 한다. 대비는 마치 고향을 지키는 충직한 소나무 같았다.

또 다른 추억 속의 이웃은 베티와 제리 부부였다. 나이가 스무 살이나 많았던 그들은 어려운 일이 있을 때마다 도움을 주었다. 한 번은 보험 문제로 걱정하던 우리를 대신해 전화로 해결해 주었고, 마이애미 여행이 태풍 때문에 취소되었을 때도 항공료 환급을 받을 수 있도록 도와주었다. 그들이 플로리다로 이사 가던 날, 나는 부둥켜안고 울었다.

피클이라는 예명을 가진 뒷집 이웃도 잊을 수 없다. 여섯 아이의 엄마였던 그녀는, 아침저녁으로 우리 아이들의 등교를 나눠 맡아주며 큰 힘이 되어 주었다. 피클은 다른 이웃들과 달랐다. 겸손하면서도 친절했고, 잘난 척을 전혀 하지 않았다. 우리는 서로 좋은 친구가 되어 자주 집을 오가며 교류했다. 지금도 그녀는 같은 집에 살고 있다.

헌팅턴 비치에서의 삶은 나와 내 가족에게 수많은 추억을 남겼다. 이곳으로 이사 온 초기에는 아이들과 함께 모래사장에서 성을 쌓으며 고향을 떠올렸다. 파도가 밀려올 때면 어머니가 보고 싶어지기도 했고, 모든 것을 뒤로하고 떠나고 싶은 충동도 느꼈다. 하지만 바쁜 일상 속에서 그러한 생각들은 곧 사라지곤 했다.

인생의 계절이 겨울의 문턱에 다다르니 고향이 그리워진다. 가까이 사는 이웃들이 한국으로 역이민을 가는 모습을 보지만, 나는 이곳에서 살아가기로 결심했다. 대비와 피클 같은 친구들, 그리고 나의 가족이 있는 이곳이야말로 나의 진정한 고향임을 깨달았기 때문이다. 사람이 떠나버린 한국의 강릉이 아닌, 추억과 사람들이 가득한 이곳에 늘 바다 건너를 바라보던 내 마음을 헌팅턴 비치에 고이 내려놓는다.

의사 일라이어스 (Dr. Elias)

의사 일라이어스(Elias)는 어바인 의과대학 병원의 내분비과 전문의다. 내가 간호 감독으로 일하던 전문의과에 일주일에 두 번씩 와서 환자들을 진료했다. 그는 스스로를 인도계 유대인이라고 소개했다. 외모는 인도인과 다를 바 없었지만, 종교를 기준으로 정체성을 설명하는 것이 조금은 의아했다. 나는 기독교 신자이지만, 한국인이라고 소개하지 이스라엘인이라고 말하지 않으니 말이다. 그는 여러 면에서 독특한 사람이었다.

머리는 몇 가닥 남지 않았지만 정성스레 빗어 대머리가 드러나지 않도록 애썼다. 전형적인 유대인 기질을 지닌 듯 돈에 인색했고, 옷차림도 그다지 신경 쓰지 않았다. 늘 양복에 색깔이 맞지 않는 셔츠를 타이 없이 걸쳐 입고 다녔다. 외견상으로는 다소 초라해 보였지만, 30년 넘게 대학병원에서 근무한 노련한 의사였다.

그는 사적인 이야기를 잘 하지 않았다. 그래서 처음에는 혼자 사는 줄 알았는데, 몇 년을 함께 일하고 나서야 부인에 대한 이야기를 꺼냈다. 부인은 백인이었고, UCLA에서 열린 학회에서 첫눈에 반해 결혼했다고 했다. 그러나 결혼 생활이 원만하지는 않은 듯했다. 늦깎이로 결혼해 아들 하나를 두었는데, 아들이 고등학교 시절 무척 똑똑했음에도 불구하고 매일 컴퓨터 게임에만 몰두해 걱정이 많았다. 결국 아들은 대학 진학을 포기하고 게임을 만들겠다고 했고, 그는 쓸쓸한 표정을 지었다. "우주의 비밀을 푸는 것은 양파 껍질을 벗기는 것과 다를 바 없다"는 말처럼, 그는 아들의 속마음을 이해하는 것이 어려웠다고 했다.

틈틈이 온라인 주식을 하는 모습도 자주 보였다. 그렇게 열심히 번 돈을 결국 아들에게 주려는 것일까 싶었지만, '버는 사람 따로 있고 쓰는 사람 따로 있다'는 말이 떠올라 그저 미소만 지었다.

그는 철저한 개인 주의자였다. 남의 일에는 관심을 보이지 않았고, 오직 자신에게만 신경 써 주길 바라는 어린아이 같은 면이 있었다. 하지만 그런 그가 나를 놀라게 한 일이 있었다.

어느 날, 나는 평소처럼 업무에 열중하고 있었는데 갑자기 보스가 찾아와 회의실로 오라고 했다. 가보니 병원장이 나를 기다리고 있었다. 어리둥절한 채 회의실로 들어가니, 이미 많은 직원이 모여 있었다. 병원장인 사이곤 박사는 나에게 상장을 건넸다. 놀랍게도 추천인은 의사 일라이어스였다. 그가 나에 대한 추천서를 작성해 제출했고, 여러 직원 중에서 내가 최종 수상자로 선정된 것이었다. 그 상의 이름은 'Integrity Award(진실성 상)'이었다. 병원 전체 직원 3,000명 중에서 선발된다는 점에서 더욱 뜻 깊었다. 내 얼굴이 크게 인쇄된 사진과 추천서에 적힌 칭찬의 글이 병원 구내식당 앞에 걸렸다.

정말 놀랍고 기뻤다. 평소 관심 없어 보이던 그가 내 마음의 진심을 알아주었기에 간호사로서 보람을 느낀 순간이었다. 그는 의사라는 권위를 내세우거나 사람을 무시하는 태도를 보이지 않았다. 다만 병원 운영 방식에 대한 불만을 종종 토로하곤 했다. 특히, 간호사 대신 간호 보조원을 많이 쓰는 문제에 대해 걱정이 많앉다.

병원도 수익을 고려해야 운영이 되기에, 정식 간호사의 높은 인건비를 감당하기 어려웠다. 그러다 보니 간호 보조원이 중요한 업무를 맡는 경우가 많아졌고, 이는 환자들의 건강에 부정적인 영향을 미칠 수도 있었다. 실제로 대장검사를 하던 중, 간호 보조원이 조직검사 샘플을 실수로 쓰레기통에 버려 큰 소동이 일어난 적도 있었다. 1년 남짓 교육받은 보조 인력이 사람의 생명을 다루는 것은 위험했지만, 병원 경영진은 비용 절감을 이유로 이를 지속했다.

일라이어스는 언제나 면허 있는 간호사를 선호했다. 그런 그의 모습이 지금도 눈에 선하다. 농담을 잘하고 사람 냄새가 나는 그. 내가 은퇴한다고 했을 때 무척 섭섭해했는데, 1년 후 그도 병원을 떠났다는 소식을 들었다. 우리의 인연은 그렇게 마무리되었지만, 그가 내게 남긴 따뜻한 기억은 여전히 가슴속에 남아 있다.

바버라와 수잔

바버라는 나의 보스였다. 유대인인 그녀는 덩치가 크고 코도 컸다. 평생 소원은 날씬해지는 것이었지만, 매일 다이어트를 해도 몸무게는 좀처럼 줄어들지 않았다.

처음 그녀를 만난 것은 어바인 대학병원 소아·청소년과에 간호사 빈자리가 있다는 광고를 보고 인터뷰하러 갔을 때였다. 우리는 동갑이었지만 그녀는 피부가 하얗고 깨끗했으며 어깨까지 찰랑거리는 머리 덕에 어려 보였다. 주로 책상에 앉아 전화를 받고 서류를 작성하는 일이 주 업무였다. 반면, 나는 매일 백 명이 넘는 아기들의 체중과 키를 재고, 체온을 측정하고, 기저귀를 갈아주며 예방접종을 놓았다. 육체적으로 고된 일이었지만 그녀와 함께 일하며 많은 추억을 쌓았다.

바버라는 위스컨 주립대학에서 간호학을 전공한 후 오렌지카운티로 이사와서 22살에 첫 직장으로 이 병원에서 일하기 시작했다.

꾀를 부리지 않고 성실하게 일하는 나를 무척 아껴 주었다. 매년 내 생일을 챙겨주며 선물을 잊지 않았던 따뜻한 배려가 아직도 기억에 남는다.

그녀의 남편도 유대인이었으며 안경을 맞추는 안과 의사였다. 두 명의 예쁜 딸을 두었지만, 공부를 못 한다고 걱정이 많았다. 두 딸은 가까운 시립대학을 졸업한 후 유대인 온라인 커뮤니티를 통해 남편을 만나 결혼하여 잘살고 있다. 요즘도 페이스북에 손자, 손녀들의 사진을 올려놓으면 나는 흐뭇하게 지켜본다.

수잔을 처음 만난 것은 내가 산부인과 병동에서 일할 때였다. 그녀는 갓 간호대학을 졸업한 신참 간호사로, 무척 앳돼 보였다.

수잔은 아이들을 무척 좋아해 소아·청소년과를 선택했다. 그녀의 부모님은 스웨덴에서 이민왔고, 수잔은 스웨덴-미국 2세였다. 노란 머리에 마른 얼굴, 파란 눈을 가진 팔등신 미녀였다. 우리 셋은 점심시간마다 식사를 빨리 마치고 병원 내를 함께 산책하곤 했다.

36세가 넘은 수잔은 결혼을 간절히 원했지만, 마땅한 사람을 만나지 못했다. 어느 날, 우리 병원 건너편 이비인후과에 갑상선암 전문의가 새로 부임했다는 소문이 돌았다. 그는 백인이었고, 금발 여성을 좋아한다는 이야기가 있었다. 중매를 좋아하는 나와 애나는 수잔과 이 의사의 만남을 주선했다. 그들은 만나게 되었고, 6개월 후 동거를 결정했다. 나는 여자로서 쉽게 보이면 안 된다며 조언했지만, 그녀는 서둘러 동거를 시작했다.

다행히 6개월 후에 그는 수잔에게 반지를 주었고, 다시 6개월이 지나 결혼식을 올렸다. 신랑은 그녀보다 두 살 어렸다. 결혼식은 디즈니랜드 근처 신랑 집에서 열렸으며, 넓은 마당과 아름다운 정원이 순식간에 멋진 예식장으로 변했다.

결혼 후 1년이 지나 첫아들을 낳았다. 곧이어 둘째 아들이 태어났는데 자폐증이 있었다. 수잔은 그 아이로 인해 더 바쁘고 충만한 삶을 살고 있다. 자폐아를 둔 엄마로서 힘든 나날을 보내고 있지만, 구김살 하나 없는 얼굴로 그 아이를 키우며 오히려 행복해 보인다. '감당할 시험 밖에는 너희에게 당한 것이 없나니'라는 성경 말씀이 그녀의 삶에서 실현되는 것 같았다.

얼마 전 수잔에게 전화가 왔다. 우리 둘째 사위가 아프다는 소식을 듣고 위로해 주었다. 그녀의 남편 암스트롱도 전립선암 1기를 진단받고 수술했으며, 바버라도 폐암을 이겨냈다고 한다. 내게 걱정하지 말라고 다독여 주었다.

유대인 바버라, 스웨덴 2세 수잔, 그리고 한국인인 나. 우리는 서로 다른 인종과 배경을 가지고 있지만, 40년 넘는 시간을 친구로서 함께했다. 서로를 이해하고 걱정해 주는 우정 속에서, 내 인생이 헛되지 않았음을 느낀다. 하나님의 뜻 안에서 한평생을 친구로 살아온 것에 감사할 따름이다.

카라 백합 (Calla Lily) 같은 친구

커다란 유리창 너머 풀밭에 한 포기의 굵은 카라 백합이 목을 쭉 빼고 우뚝 서 있다. 문득 20년 전 카라 백합을 꽃꽂이로 만들어 나를 찾아왔던 친구 Y의 모습이 떠오른다. 꽃말처럼 순수하고 청결했던 그녀는 엷은 미소를 띠며 꽃을 안겨주었다. 둘째 딸이 꽃을 보더니, "이 꽃, 참 비싼 꽃인데 누가 엄마한테 선물했어?"라고 묻던 기억도 난다.

처음 만났을 때 그녀는 유산을 여러 번 겪은 탓에 힘들어하고 있었다. 다행히 몇 년 후 첫 아들을 낳고, 이어 두 명의 아들을 더 낳아 세 아들의 엄마가 되었다. 바람에 날아갈 듯 약하고 하늘하늘하던 그녀는 언제나 단정하고 부드러운 미소를 지녔다. 아들들을 기르는 중에도 그녀의 집은 늘 깨끗하고 정돈되어 있어 주위에서 부지런한 엄마로 칭찬받았다. 남자 형제가 없던 나의 아들은 그녀의 아들들과 어울려 노는 것을 즐겼다. 우리는 8년간 같은 교회를 다니며 성가대에서 노래를 부르고 함께 놀러 다녔다. 나의 두 딸이 결혼할 때도 그녀는 빠짐없이 참석해 축하해 주었다.

그녀는 남편이 큰 사업을 시작하며 멀리 이사를 갔다. 이후로는 가끔 동창회에서 그녀를 만났고, 추수감사절에는 우리를 초대해 함께 식사한 적도 있었다. 한 시간 남짓 거리에 살았지만 자주 만날 기회는 없었다. 다만 그녀의 남편이 성공한 사업가로 남부럽지 않게 산다는 소식만 풍문으로 들었다.

2년 전 동창 야유회에서 당연히 만날 것을 기대했는데 보이지 않았다. 대신 그녀의 남편이 고기를 굽고 있었다. 몸이 좋지 않아 야유회에 못 왔다고 했다. 야유회가 끝나갈 무렵, 그녀가 아픈 몸을 이끌고 공원에 잠시 들렀다. 입술은 비틀어져 있었고 안면 마비가 온 듯 보였다. 며칠 후 화장실에서 쓰러졌고, 검진 결과 뇌에 종양이 있다는 소식을 들었다. 종양의 위치가 위험해 수술은 어렵고, 치료만 받고 있다고 했다.

그 소식을 들으며 20년 전, 남편이 대장암 3기로 아팠던 일이 떠올랐다. 그때는 누군가 그의 생의 멱살을 잡아 삶을 송두리째 뽑아가려는 듯한 공포 속에서 벼랑 끝에 매달려 남편을 붙잡고 있었던 기억이 생생하다. 나뭇가지를 집요하게 흔드는 바람 같은 공포가 나를 녹아내리게 했다. 생명이란 참 불가사의하다. 어마어마한 슬픔과 두려움을 겪고 나니 오히려 생이 가볍게 느껴졌다.

그녀와 나는 한때 따뜻한 인연으로 머그잔 가득 온기를 나누었기에 예상치 못한 소식에 아무 위로의 말도 할 수 없었다. 값싼 위로의 말로 상처를 주고 싶지 않았다.

초여름의 열기가 깊은 땅속에서 훅 밀려오던 어느 날, 그녀가 입원했다는 소식에 병원으로 달려갔다. 스테로이드로 부은 그녀의 얼굴은 옛 모습을 찾아볼 수 없었다. 누구나 인생에서 겪어야 할 '슬픔 총량의 법칙'이 있다고 한다. 남달리 행복해 보였던 그녀도 자신의 몫의 슬픔을 견디고 있는 듯했다. 얼마나 더 견뎌야 할지 모를 시간을 앞두고 나는 말했다.

"이 여름을 지나 다시 또 다른 여름을 맞이할 수 있기를."

그녀와 함께 기도하며 이 터널 같은 슬픔을 지나, 옛날 이야기를 나누고 빛바랜 앨범을 꺼내 보며 웃을 날을 바라던 나의 소망은 이루어지지 않았다. 대신 그녀는 추억만 남기고 먼 길을 떠나갔다.

장례식 날, 손님을 접대하며 계속 눈물을 훔치던 그녀의 남편에게 나는 아무 말도 하지 못한 채 손만 잡아주었다. 할머니가 세상을 떠난 것을 모르는 한 살배기 손자는 평온하게 잠들어 있었다. 나는 그렇게 한 송이 카라 백합 같던 친구를 보냈다. 그 순간 마음이 마취된 듯 감각이 없었다. 며칠 후에야 눈물이 났다. 내 정원에 있던 카라 백합도 슬픔을 아는 듯 고개를 숙이고 있었다.

누군가 나에게 "당신은 어느 계절의 길목에 서 있는가?"라고 묻는다면 이렇게 대답하리라. "세상에서 살 시간이 얼마나 남아 있는지 모르기에 지금이란 제일 좋은 시간에 머물고 있다고 말하리라."

5달러의 행복

　타코 벨의 노란 종 그림을 바라보며 5달러를 내고 타코를 샀다. 드라이브스루만 운영하는 이 가게에는 앉아 먹을 공간이 없어, 남편과 바깥 벤치에 앉아 허겁지겁 먹었다. 첫 입에 왈칵 밀려온 것은 1974년의 기억이었다. 미국에 막 도착한 날, 돌아가신 오빠가 사준 그 타코—햄버거 다음으로 입에 사무치던 맛. 바삭한 옥수수 피 속에 매콤한 소스, 다진 고기, 양상추, 노란 치즈가 어우러진 그 풍미를 오랜 세월 잊고 살았구나.

　잘 알지도 못하는 증권을 샀다가 손해를 보았다. 욕심으로 인한 이 사건으로 한 해를 온통 전전긍긍하며 보냈다. "욕심은 죄를, 죄는 사망을 낳는다"는 말씀을 뼈저리게 체험한 시간이었다. 은퇴 후엔 걱정 없이 행복할 줄 알았는데, 정작 내게 주어진 행복을 알아채지 못했던 것이다.

　어느 날 손자와 공원에 갔다. 아이의 웃음소리가 텅 빈 공간에 울려 퍼지며, 나를 향해 속삭이는 듯했다. 비움의 미학. 채우려 애쓰지 말고, 받아들일 준비를 하라는 교훈처럼 다가왔다. 욕심을 내려놓으니 마음이 홀가분해졌다.

　40년을 다람쥐 쳇바퀴처럼 뛰었다. 새벽에 일어나 손자를 데리고, 하루 8시간 일하며 퇴근길에 다시 아이를 업던 날들. 할머니가 되어서도 고된 노동을 견뎌내던 시절이 떠올랐다. 지금은? 아침 7시에 눈을 떠도, 8시에 일어나도 좋다. 맨손체조로 하루를 열고, 통역 일로 두 언어를 오가며 의학 용어를 잇는 보람이 있다. 때론 칭찬도 받는다. 완벽하지 않아도, 누군가를 돕는 삶이 감사하다.

오후엔 탁구장으로 향한다. 30분 동안 먼 길을 매일 운전을 하고 가도 즐길 수 있는 유일한 운동이다. 땀에 흠뻑 젖은 뒤 스파에서 수영하며 피로를 풀고, 점심은 5달러짜리 패스트푸드로 때운다. 싸구려 음식이라지만, 입 안 가득 퍼지는 맛에 마음이 풍요로워진다. 예전에 읽은 어느 글 중에 "쓰는 돈만이 진짜 내 것"이라는 문장이 떠올랐다. 아무리 많은 재산도 쓰지 않으면 허상일 뿐이리라.

최근 읽은 소설에서도 돈의 무게를 되새겼다. 유산을 나눈 뒤 사이가 틀어진 삼남매 이야기. 평생 우애를 자랑하던 그들은 각자 몫의 땅값 차이로 형제에서 적이 되어버렸다. 돈은 필요악이란 생각이 들었다. 미국 노년층이 재산을 사회에 환원하는 선택을 이해할 법도 했다.

오늘도 5달러 타코를 먹으며 문득 생각한다. 이 작은 행복이 자식들에게는 어떤 의미일까? 아직 3월 바람이 싸늘하지만, 햇살은 어느덧 따스히다. 운동하고, 맛있는 걸 먹고, 오늘을 온전히 누리는 것, 그것이 삶의 축복임을 깨달은 하루다.

기억하고 싶지 않은 추억

2004년 4월 24일 금요일. 그날, 나는 의사의 소견을 듣고 충격을 받아 다리가 휘청거리며 그대로 주저앉을 뻔했다. 20년이 지난 오늘도 그 순간이 마치 어제 일처럼 생생하다.

금요일 오후, 한 주를 마무리하는 외래 병동에서 분주히 일을 하고 있었다. 마지막까지 남은 일을 찾으며 바삐 돌아다니던 중, 병원 방송을 통해 나를 찾는다는 연락을 받았다. 전화를 받으니 장내시경실의 간호사였다. 그러고 보니 남편이 오늘 우리 병원에서 장내시경 검사를 받기로 했던 날이었다. 검사가 끝났으니 데려가라는 연락일 것이라 생각하고 별다른 걱정 없이 받았는데, 간호사는 의사가 나를 찾고 있다고 했다. 순간 불길한 예감이 스쳤다. 하던 일을 멈추고 한걸음에 검사실로 달려갔다. 다행히 검사실은 가까운 곳에 있었다.

가는 길에 외과 의사인 닥터 스테모스를 마주쳤다. 내가 함께 일하는 의사였기에 그가 왜 여기 있는지 의아했지만, 깊이 생각할 겨를도 없이 남편이 있는 곳으로 향했다. 남편은 환자 가운을 입은 채, 아무것도 모르는 순진한 얼굴로 앉아 있었다. 잠시 후, 닥터 이와 닥터 스테모스가 커튼으로 가려진 남편의 검사실로 들어왔다. 의사는 장내시경 결과 우측 대장 상부에 라임(Lime) 크기의 혹이 있으며, 암이 의심된다고 했다. 크기가 커서 수술이 필요하고, 항암 치료도 받아야 할 것 같다고 했다. 대장암 3기일 가능성이 높으며, 수술 후에야 정확한 상태를 알 수 있지만, 3기라면 5년 생존율이 50% 정도라고 했다.

닥터 이는 감정을 배제한 채 무덤덤한 표정으로 말했지만, 나는 가슴이 조여드는 것만 같았다. 너무나 갑작스럽게 닥친 소식에 충격을 받아 할 말을 잃었다. 주치의인 닥터 페나간도 놀란 듯 어디서부터 말을 꺼내야 할지 망설였다. 57세가 되도록 한 번도 크게 아파본 적 없던 남편이었다. 하루도 빠짐없이 성실하게 일했던 사람이 아닌가. 도대체 어디서부터 잘못된 것일까?

다음 날은 첫 손자의 돌잔치였다. 많은 손님을 초대해 놓았지만, 마음이 무너진 채 겨우 행사를 마쳤다. 손자 돌잔치 전날의 그 충격이 너무나 생생해서, 지금도 그날을 또렷이 기억한다. 그렇게 시간이 흘러 올해 손자는 벌써 20세가 되었다.

수술을 담당할 닥터 스테모스의 휴가 일정 때문에 수술은 한 달 후로 미뤄졌다. 그 한 달 동안 나는 지옥과 현실을 오갔다. 대한항공에서 성공적인 직장 생활을 하던 남편이 나를 따라 미국에 와서 생전 해보지도 않은 일들을 하며 고생했는데, 결국 이렇게 짧은 삶을 살고 갈 운명이었단 말인가. 너무 허망했고, 미안했다. 아이들은 이제 막 새 인생을 시작하려는데, 아빠 없이 결혼도 시켜야 하고, 앞으로 모든 걸 혼자 감당해야 한다는 사실이 믿기지 않았다.

현실을 받아들이기 위해 나는 영정 사진부터 준비했다. 로즈힐에 가서 묘지 두 자리도 미리 구입했다. 5년을 살 수 있을지는 오직 하나님만 아시니, 만약을 대비해 리빙 트러스트도 마련해 두었다. 지금 돌이켜보면, 그때 나는 너무도 현실적이었다.

다행히 수술은 생각보다 순조로웠다. 혹시나 암이 아니길 간절히 바랐지만, 조직 검사 결과는 현대 의학의 예측 그대로였다. 수술 후 2주 뒤, 항암 치료가 시작되었다. 그런데 남편은 천성적으로 인내심이 강한 사람이었는지, 생각보다 큰 부작용 없이 치료를 견뎠다. 구토도 거의 없었고, 식사도 잘했다. 오히려 병원에서 같은 항암 치료를 받는 한국 환자들을 도와 통역도 해주며 밝게 지냈다. 다행이라 생각했지만, 한 달에 한 번씩 진행하는 혈액 검사가 정상 범위를 벗어나기 시작했다. 의사는 CT와 MRI를 추가로 찍어보자고 했다. 혹시 간으로 전이된 것은 아닐까. 검사 결과를 기다릴 때마다 나는 정신이 반쯤 나간 상태였다.

어느 가을날, 남편과 함께 엘에이 공항에 동생을 마중 나갔다. 그때 암 전문의에게서 전화가 걸려왔다. 혈액 검사 결과가 좋지 않으니, 빨리 MRI를 찍으라는 것이었다. 동생을 데리고 병원으로 가서 검사를 마쳤을 때는 밤 9시가 넘었다. 나는 초조한 마음으로 결과를 기다렸다. 늦은 시간이었지만 방사선과 과장이 남아 있었다. 그는 나를 방으로 부르더니, 함께 엑스레이를 살펴보며 조심스럽게 말했다.
"모든 것이 정상입니다."
그 한 마디에 나락으로 떨어졌던 내 세상이 다시 천국으로 돌아온 기분이었다.

그 후에도 검사 결과가 나올 때마다 나는 직접 방사선과 의사 옆에서 영상을 확인했다. 다행히 주변의 많은 의사들이 나를 격려해 주고 위로해 준 덕분에 어려운 시간을 버텨낼 수 있었다. 그리고 결국, 남편은 모든 어려움을 이겨내고 다시 살아났다.

그날 이후 우리는 더욱 돈독한 부부가 되었다. 마치 전쟁터에서 함께 싸우고 살아 돌아온 전우처럼. 함께 겪은 그날의 슬픔이, 우리를 더욱 단단하게 만든 것이 아닐까 싶다.

제2부

가을과 단풍 친구들

기차를 타고

 가을이 깊어 간다. 단풍을 보러 가고 싶은 친구들이 모였다. 코로나로 답답했던 친구들은 기차를 타고 떠나자고 환호 송을 울렸다. 우리는 즉시 실행에 옮겼다. 가까우면서도 늦가을 단풍이 고운 그리고 산이 많아 공기가 좋은 시애틀을 가기로 정했다.
 머리를 맞대고 계획을 세우는 과정도 신이 났다. 여행사를 통해 가는 것이 아니기에 기차표부터 알아보았다. 어바인에서 시작하는 기차를 타고 가다 버스로 갈아타고 또 기차와 버스를 갈아타야 새크라멘토에 도착한다. 힘들고 버거운 길인 줄 알았지만, 모두 기꺼이 동의했다. 기차여행의 추억을 만들자는 맘이 더 컸었고 즐거움이 배가 될 것 같다는 심정으로 말이다. 그나마 다행인 것은 엠트렉(Amtrak)이 기차가 없는 곳은 버스로 연결해 준다는 사실을 처음 알았다. 온라인에서 보니 버스는 그레이하운드처럼 크고 편한 버스여서 다행이었다.
 실행에 옮긴 친구들은 시애틀에 가는 길은 기차와 버스로, 돌아올 때는 항공편 왕행의 예약을 시작했다. 모두 같이 한꺼번에 표를 사니 기찻값도, 비행깃값도 매분 몇 불씩 오른다. 다 같이 살 때 생기는 부작용이다. 그러나 또 그것을 안 사면 같이 갈 수 없으므로 울며 겨자 먹기 식으로 돈을 조금씩 더 갹출해야 했다. 호텔 예약도 내친김에 하고 예약 취소가 안 되는 거로 했다. 마음의 동요를 없애고 꼭 어떤 일이 있어도 갈 것이란 각오로 예약을 마쳤다.

우리는 모두 여행을 떠날 생각에 행복했다. 몇 명의 친구들은 기차를 처음 타 본다며 기차여행에 마음이 들떠 있었다. 그것도 별이 빛나는 밤하늘을 기차를 타고 가며 볼 생각에 잠을 못 이루는 친구도 있었다. 그렇게 우리는 마음으로 이미 여행을 떠나고 있었다. 하지만 그 여정에 힘든 시간이 숨어있음을 아무도 몰랐다. 그래서 사람의 일은 한 치 앞을 모른다고 하는 걸까?

기다리는 시간은 생각보다 빨리 지나갔다. 드디어 떠나는 날 각자가 어바인 엠트렉 기차역으로 모였다. 길 건너에 있는 트랩으로 가서 기차를 타고 드디어 기다리고 기다리던 기차여행이 시작되었다. 칠순이 넘은 네 명의 할아버지와 네 명의 할머니들이 여기저기에 자리를 잡았다.

이 기차는 완행으로 샌디에이고(San Diego)에서부터 떠나 엘에이, 유니언 정거장이 종착역이다. 유니언 역은 오래된 건물이 마치 박물관을 연상시킬 정도로 크고 웅장하며 고풍을 지니고 있었다. 가끔 노숙자들이 샤워도 하고 화장실도 같이 쓰는 것 같기는 했다. 그곳에서 2시간여 기다리면서 각자가 싸 온 떡이며 땅콩 과자 등을 나눠서 먹었다. 다시 버스를 타고 베이커스필드로 2시간 반 정도 가야 한다.

우리는 자리에 옹기종기 모여 두 명씩 네 자리를 차지하고 앉았다. 반가운 소낙비가 내리니 너무 낭만적이었다. 엘에이에 모처럼 오는 비를 차창 밖으로 바라보면서 떠나는 버스 여행도 신선하다고 느꼈다 세상이 비로 씻기어져서 깨끗하여지고 먼지로 가득했던 나무들이 빤짝빤짝 빛난다. 싱그러운 11월 가을 여행이었다.

마음이 편해지면서 여행 오길 잘했다 싶었다.

베이커스필드에 도착하니 굵게 내리던 비가 가랑비로 바뀌면서 차츰 멈추었다. 이곳에선 내리자마자 기차를 다시 타야 한다. 우리 팀은 재빨리 가방들을 끌고 기차역으로 몰려갔다. 마침 기차역과 버스 정거장이 가까운 곳이라 다행이었다. 이곳에서 기차를 타면 4시간가량 타고 스톡턴 역에 내릴 예정이다. 스톡턴(Stockton)은 간이역으로 지나가는 곳이다. 이곳은 조그마한 도시이지만 이곳에 패시픽(Pacific) 이란 이름의 의과대학, 치과대학, 약학대학이 있는 곳이라 한국교포 자녀들이 많이 다니는 도시로도 유명하다. 나지막한 빌딩에 넓은 잔디와 느티나무들이 열병처럼 서 있는 시골 경치의 아름다운 도시를 보니 이곳도 가을이 깊숙이 찾아 들었음에 즐거운 비명을 지르게 했다. 모처럼의 나들이를 만끽하고 있었다.

스톡턴에서 새크라멘토까지는 1시간 반 버스길이다. 비는 오지 않았지만 벌써 밤 8시 45분이다. 컴컴한데 달려가는 길은 보이지도 않고 피곤이 몰려왔다. 새벽부터 일어나 아침 8시 30분까지 어바인 기차역에 도착한 생각을 하니 벌써 12시간을 길에서 헤매고 다녔구나 싶다. 그러다 밤 10시가 되어 새크라멘토 역에 도착하다. 조금 안심이 되었다. 짐을 내려놓고 이제 마지막 밤 침대칸으로 20시간을 더 달리면 시에틀이라고 생각하니 피곤도 견딜 만했다. 갑자기 들려오는 안내방송은 우리가 타려는 기차가 트럭과 충돌하여 떠나는 시간이 늦어질 거란다.

새크라멘토는 캘리포니아주 정부 청사가 있는 수도이다. 정거장 대기실은 크지도 작지도 않은 소박한 건물에 오래된 벽화가 그려져 있었다. 늦은 밤 이어서 그곳에서 일하는 직원도 몇 명 없었다.

우리는 저녁도 못 먹고 지친 몸을 오랜 세월 자리를 지킨 긴 나무 벤치에 각자 눕거나 자리를 잡았다. 그러다 물이라도 사러 간다던 리더가 좋은 방이 있다고 우리를 안내해 데려갔다. 그곳은 침대칸에 가는 사람만 쓸 수 있다는 대기실이었는데 여러 개의 기다란 소파와 의자가 몇 개 있었다. 아늑하고 덜 추웠다. 그러나 우리는 모두 잠바랑 셔터를 한 벌씩 더 껴입어야 했다. 그곳에 있는 누구도 우리가 탈 기차가 언제 고쳐져서 언제 떠날 줄은 모른다고 했다. 다만 30분 간격으로 텍스 문자가 올 뿐이었다. 텍스에는 매시간 시간 늦어진다는 문자만 보내 왔다. 12시를 지나 1시, 2시, 3시, 4시 매시간 누웠다 앉기를 반복하며 노숙자가 따로 없다고 넉살을 떨고 그 우울한 분위기에서 빠져나와 보려고 들 노력했다.

집 떠나오면 고생이라고 하더니 집 떠난 지 12시간도 안 되어 추위와 배고픔에 떨고 있었다. 그러나 우린 이것을 자처하고 나온 여행 아니던가. 아무도 괜히 여행 왔다고 하는 사람은 없었다. 나름 잘려고 노력하지만 막상 잠을 자는 사람은 없었다. 언제 기차가 떠날 줄 몰라 마냥 기다리는 수밖에. 대기실에도 몇 십 명의 사람들이 기다리고 있었지만 아무도 불평을 털어놓는 사람은 볼 수 없었다. 미국 사람들은 인내심이 참 많은 것 같다. 어려운 상황에서 기다리는 모습을 보고 나는 배울 점이 많은 것 같다. 아침 5시가 되니 방송이 나온다. 기차 앞부분이 부서졌는데 새 엔진을 바꾸고 고쳤으니 떠날 수 있단다. 모두 기지개를 켜고 이만하길 다행이란 생각 했다. 충돌사고가 먼저 난 게 얼마나 다행이고 감사할 일인가 싶다. 나쁜 상황에서도 감사할 조건을 찾으라고 배웠던 게 이런 때 두고 하는 말인가 부다.

모처럼 기다리고 기다리던 침대칸에 탔는데 모두가 너무 실망이다. 침대칸까지 가는 층계가 너무 좁고 가팔라서 나같이 왜소한 사람도 겨우 올라갈 정도의 스페이스뿐이다. 이 층에 있는 내 침대 방으로 가니 침대칸, 칸을 커튼으로 휘장을 해서 곁에 침대방과 사이를 두었고 키가 5피트 정도 되는 사람이 누우면 될 정도의 침대가 벙커 침대로 놓여있다. 체격이 큰 남편들은 이 층에 여자가 올라가고 남자는 올라갈 생각조차도 하기 힘들게 만들어 놓았다. 이층 침대는 아이들 자동차 시트 벨트를 잘 때 떨어지지 말라고 준비되어있었다. 모두가 웃음을 참을 수 없다. 어떤 친구는 남자가 아래층에서 자고 여자가 올라갔고 어떤 친구는 둘 다 아래층 침대에서 칼잠을 잤다고 했다.

자는 둥, 마는 둥 하고 6시 아침밥을 먹으로 식당으로 갔다. 커피에 달걀부침에 베글에 크림치즈를 발라 맛있게 먹었다. 침대칸 운임료가 비행기 푯값의 4배가 넘었다. 아침·점심·저녁값이 포함되었고 양식으로 고기에 생선에 맘껏 원하는 것으로 먹을 수 있어서 그나마 다행이다.

식사 후 라운지로 옮겼다. 큰 유리창 문이 사방으로 길게 늘어져 있고 그 앞으로 의자들이 한일자로 놓여있다. 곁에 사람과 소곤거리며 얘기도 하고 혼자 넋 놓고 창밖을 바라볼 수 있게 되어있는 라운지는 우리에게 관광 코스 중 일등 좌석이다. 밖이 안과 같이 밝아 내가 마치 밖에 앉아 있는 착각마저 든다. 북가주 새크라멘토에서 오리건을 지나기 전까지 기차는 푸르디푸른 크라메스(Klamath Lake) 호수를 끼고 맑고 맑은 물과 협곡을 올라갔다, 내려갔다 한다. 또 졸졸 흐르는 산골짝 계곡물과 자연 그대로 민낯의 단풍이 가득 찬 나무 사이를 몇 시간이 지나간다. 어떤 곳은 해가 돋는가 싶더니, 비가 부슬부슬 내려서 엉성한 가을 단풍 사이를 촉촉하게 내려앉는다. 아름다운 단풍의 경치가 순간순간 지나면서 형용할 수 없는 장관을 보여준다. 곁에 있는 친구의 얼굴이 노랑 단풍으로 변했다, 주황 낙엽으로 변했다 하는 모습이 창가에 어린다.

 이곳 가을 단풍은 노란색의 나뭇잎들이 주로 많다. 메인주나 벌몬에서 보던 붉고 정열적인 단풍과는 또 다른 은은함과 소박한 느낌이다. 마운튼 셔츠타(Shasta)를 지날 때는 안개가 짙어서 산 윗동이 만 보였다. 만년설에 쌓인 산은 동양화 풍경인 양, 마치 한 장의 그림 이다. 기차가 사고가 나지 않고 예정된 시간에 떠났다면 이곳을 밤 자정에 지나갔을 것이다. 그렇다면 우리는 이 예쁜 풍경을 다 놓치고 잠을 자고 갔을 장소였다. 그렇다고 생각하니 인생의 반전은 예상치 않은 곳에서 찾아오는 듯싶다. 아침에 이 아름다운 풍경을 볼 수 있어서 너무 감사한 여행이 되었다. 세상은 내가 계획했던 그것보다 더 좋은 것이 기다리고 있는데 우리는 모르고 불평하고 살아갈 때가 많다. 이 여행의 시작은 어려웠으나 예상치 못한 일로 우리는 많은 것을 보고 느끼고 배우는 여행이 되었다.

세 번째 수술

사위가 세 번째 척추 수술을 받기 위해 USC 병원으로 향했다. 세 명의 손자들을 돌보며 베이비시터 역할을 하게 되었지만, 마음이 편치 않다. 예전 같았으면 나도 병원에 함께 가서 수술실 밖에서 딸을 위로하며 곁을 지켜주었을 텐데, 코로나로 인해 병원 동반자가 한 명으로 제한되었기 때문이다.

수술은 오후 3시 30분에 시작된다고 한다. 5시간이나 걸리는 긴 수술이라니, 듣기만 해도 가슴이 철렁 내려앉는다. 사위의 첫 번째 수술은 5개월 전이었다. 간단한 디스크 문제인 줄 알고 용감하게 혼자 병원에 갔고, 가족들에게 알리지도 않은 채 입원 없이 당일 수술 후 귀가했다.

그러나 6주가 지나도 상태는 호전되지 않았고, 오히려 통증이 심해지고 다리 아래로 마비가 진행되었다. 결국 가족들은 다른 의사의 의견을 들어보라고 권유했다. 첫 번째 수술을 집도한 의사는 3개월이 지나면 나아질 거라며 기다리라고만 했다. 하지만 다른 신경외과 전문의를 찾아가 척추 전체를 MRI로 촬영한 결과, 엉뚱한 부위에 불필요한 수술이 이루어졌고, 실제로는 척추 최상단에 혹이 있어 신경을 압박하고 있었다는 사실을 알게 되었다.

2020년 12월 말, 연말 연휴로 병원과 의사들이 대부분 휴무였지만, 사위의 상태는 날이 갈수록 악화되었다. 급히 인맥을 동원해 정형외과 전문의를 찾았고, 다행히 한인 2세 의사를 만나게 되었다. 그는 친절하고 적극적으로 관심을 가져주었고, 마치 메마른 사막에 단비가 내린 듯한 안도감을 주었다.

새해가 시작된 1월 4일, 사위는 입원했고, 1월 5일에 7시간에 걸친 대수술을 받았다. 다행히 혹의 90%를 제거할 수 있었고, 나머지 10%는 방사선 치료로 제거하기로 했다. 혹이 암이 아니라는 사실에 우리는 충분히 기뻤다. 하지만 현실은 녹록지 않았다. 혹이 척추를 단단히 감싸고 있어 방사선 치료도 쉽지 않았고, 결국 다시 수술이 필요하다는 진단이 나왔다. 두 차례의 힘겨운 수술이 끝나기도 전에 또다시 큰 결정을 내려야 하는 상황이 찾아왔다.

사위는 아직 마흔 살, 세 아이의 아버지이다. 그는 다시 깊은 고민에 빠졌다. 의사들은 수술을 서두르는 것이 좋다고 했다. 두 번째 수술 후 6주가 지난 시점, 사위는 지팡이에 의지한 채 퇴원했을 때 우리 모두의 가슴이 아팠다. 이제 의사들은 세 번째 수술을 준비해야 한다고 말했고, 사위는 결심을 내려야 했다.

3월 12일 목요일, 예정된 시간보다 3시간 늦게 시작된 세 번째 수술은 무려 5시간 동안 진행되었고, 밤 12시가 되어서야 끝이 났다. 수술 후 4일이 지났지만, 사위는 여전히 중환자실에서 심한 두통에 시달리고 있다. 척수액이 머리로 올라가면서 두통이 발생했다고 하며, 삽입된 드레인이 막혀 오늘 다시 시술받아야 했다. 5일 이내에 퇴원할 수 있다는 의사의 말은 이번에도 희망 사항에 **불과**했던 걸까. **사람의 몸**이란 계획대로 **움**직이지 않는다는 것을 또 다시 실감하는 요즘이다.

젊기에 잘 버틸 수 있으리라 생각하면서도, 딸과 사위가 서로를 위하며 세 아이를 정성껏 돌보고 학교에 보내는 모습을 보면 대견하고 아름답다. 나는 그들을 위해 할 수 있는 일이 없어 마냥 미안한 마음뿐이다. 하지만 인생이란 원래 그런 것 아니겠는가. 스스로를 위로하며 생각해본다.

57세의 나이에 남편이 대장암 3기 진단받았을 때의 충격이 떠오른다. 항암 치료라는 혹독한 과정을 거쳐 이겨냈기에 지금 이 새 인생에 더 감사하게 느껴지는지도 모른다. 살아가다 보면 좋은 날도, 힘든 날도 있기 마련이다. 힘든 시간을 견뎌낸 후, 사위의 가정에 꽃길만 펼쳐지길 간절히 바란다.

오늘 가주에는 비가 오락가락하다가 햇빛이 다시 얼굴을 내민다. 신선한 공기가 감도는 정오다. 어젯밤 정성껏 만든 갈비찜과 육개장을 준비해 딸이 학교에서 돌아오면 따뜻한 저녁을 차려주고 싶다. 초등학교 5학년 담임교사로 일하는 딸은 또 얼마나 힘들었을까. 하지만 그녀는 얼굴에 걱정을 드러내지 않는 속 깊은 사람이다. 그런 딸을 보며 더 안쓰러운 마음이 든다. 하루빨리 사위가 건강을 되찾아 가족이 평온한 일상을 되찾는 날을 손꼽아 기다려본다.

나오미

큰딸은 어릴 때부터 공부를 잘해 나의 자랑이었다. 어른이 되면 크게 성공해 행복하게 살 거라는 꿈도 꾸었다. 세월이 지나 어른이 되고 엄마가 된 딸은 요즘 너무 바쁘다. 내가 기대했던 삶과는 다를 때가 많다. 물론 행복은 타인이 결정하는 것이 아니니 내가 판단할 일은 아니지만, 가끔 딸의 삶을 보며 실망감을 느낄 때가 있다.

그런 큰딸을 보면서 손녀딸에게는 모든 일에 너무 집착하지 말라고 한다. 적당히 공부해서 좋은 남편 만나 편하게 살라고 평소에 세뇌하듯 말한다.

나오미는 첫 외손녀다. 고등학교 3학년으로, 자그마한 키에 적당히 통통한 몸매, 윤기 나는 굵은 머리카락을 가졌다. 마치 먹은 것이 모두 머리로 간 듯 반짝이고 건강하다. 무엇이든지 열심히 하는 모습이 엄마를 꼭 닮았다.

며칠 전, 나오미가 출연하는 학교 연극을 보러 갔다. 연극의 제목은 Walk Two Moons였다. 두 명의 십 대 소녀가 잃어버린 어머니를 찾아 동부에서 서부로 차를 타고 여행하며 겪는 이야기를 그린 작품이었다. 어머니가 이미 세상을 떠났다는 사실을 알게 되면서 슬픔과 실망이 펼쳐졌고, 함께 여행하던 할아버지마저 돌아가셨다. 하지만 그 과정 속에서 두 소녀는 잃어버렸던 자아와 희망을 되찾는다. 인간의 근본적인 감정을 깊이 파고드는 주제였다.

그렇게 많은 대사를 어떻게 다 외웠을까 싶을 만큼 나오미의 연기는 놀라웠다. 배우들은 모두 같은 고등학교 학생들이었는데, 연극이 끝나자 관객들은 자리에서 일어나 환호하며 박수를 보냈다. 친구들이 준비한 꽃다발을 한 아름 안고 사진을 찍는 나오미의 모습은 마치 아카데미 여우주연상을 받은 듯했다.

나오미의 꿈은 영화배우가 되는 것이다. 하지만 미국에서 아시안 얼굴을 하고 배우로 성공하는 것이 얼마나 힘든지 걱정이 앞선다. 내가 구식이라서 그런 걸까? 먼저 세상을 살아본 입장에서는 마음이 편하지만은 않다.

나오미는 어릴 때 발레를 오래 했다. 매년 공연을 위해 비싼 돈을 내고 몇 시간씩 기다려 그의 발레 관람을 했지만, 15살이 되자 취미를 농구로 바꿨다. 그때부터 매일 방과 후 농구 코트에서 밤늦게까지 연습했다. 시합을 보러 간 적도 여러 번 있었는데, 여자 선수들이 얼마나 악착같고 치열한지 깜짝 놀랐다. 공을 빼앗기 위해 치고 넘어지고, 때로는 억지로 공을 뺏기까지 했다. 심판이 그냥 지나칠 때마다 속이 타들어 갔다. 예전에 흑인 선수 한 명이 아시안 선수를 가격해 뇌진탕으로 입원한 일이 뉴스에 나온 적도 있었다.

곱게 키운 손녀딸이 피아노나 바이올린을 배웠다면 얼마나 좋았을까 싶다. 피아노를 몇 년 배웠지만 적성에 맞지 않는다며 그만뒀다. 사실 애들 엄마인 내 딸도 10년을 배웠지만 별다른 흥미를 보이지 않았다. 사람마다 좋아하는 것이 다르니 이해하려고 노력한다. 내 자식도 내 뜻대로 되지 않았는데, 한 세대 건너 손녀딸을 어찌 하겠나.

매일 저녁 농구 연습에, 연극까지 하면서 공부할 시간이 있을까 걱정했지만, 다행히 공부도 잘한다고 한다. 하지만 잠이 부족해서인지 키가 크지 않는 것이 마음에 걸린다. 할머니 입장에서는 농구도, 연극도 그만두고 키나 더 자라서 곱고 고운 여자로 컸으면 좋겠다.

작년까지만 해도 해맑게 눈웃음치며 문밖까지 뛰어나와 나를 반기던 손녀였다. 그런데 요즘은 말수도 줄고 웃음도 사라졌다. 대학 입학 원서를 내고 결과를 기다리는 중이라 그런가 보다. 눈빛에는 여러 가지 생각이 오가는 듯하고, 나이에 걸맞지 않은 번민이 느껴진다.

연극영화과에 지원하면 줌 인터뷰나 대면 인터뷰를 해야 하고, 본인이 출연한 연극 영상을 대학에 제출해야 한다고 했다. 생각보다 쉽지 않은 길이다. 며칠 전에는 필라델피아에서 인터뷰를 마치고 눈 속에서 찍은 사진을 보내왔다. 3월 안에 합격자 발표가 난다고 하니 나도 덩달아 긴장된다.

나오미가 한 살도 되기 전에 딸네 식구와 요세미티로 여행을 갔었다. 차 안에서 카시트에 앉혀 놓자 울음을 터뜨렸고, 법에 따라야 한다는 딸과 사위의 말에 어쩔 수 없이 다시 카시트에 올려놓았다. 산을 내려가는 내내 우는 나오미를 보며, 나는 그때 깨달았다. '이 아이는 집념이 강한 사람으로 자라겠구나.'

며칠 전 나오미에게서 전화가 왔다. 꿈꾸던 UCLA 연극영화과에 합격했다는 소식이었다. 전화기 너머로 환호성이 들려왔다. 그 집에는 경사가 났다. 이 좋은 소식이 오래도록 나오미의 삶에 좋은 일로 이어지길 간절히 바란다.

남겨진 따뜻함

바이올렛이 우리 앞집으로 이사를 온 것은 어느 여름날이었다. 금발 머리에 파란 눈을 가진 40대 중반의 백인 여성, 마치 영화 속에서 튀어나올 듯한 미인형이었다. 그녀는 이사 오자마자 집을 리모델링 하기 시작했다. 스스로를 '인테리어 데코레이터'라고 소개하며 열정적으로 집을 뜯어고쳤다. 그녀의 60세 남편은 지난번에도 집을 근사하게 꾸며 비싼 값에 팔았다고 자랑했다.

나는 평생 미국 사람들과 일했지만, 백인과 절친한 친구 하나 만들지 못하고 은퇴했다. 그 점이 항상 아쉬워서 이번에는 바이올렛과 친구가 되어 보겠다고 마음먹었다. 그러나 친구가 되려면 공통된 관심사가 필요하다. 음악 이야기로 시작할까, 영화 얘기를 나눠볼까 고민하며 기회를 엿보고 있었다.

그런데 이웃이 되기도 전에 작은 불편이 찾아왔다. 그녀의 리모델링 공사가 우리 집 일상에 영향을 미친 것이다. 공사 차량들이 집 앞을 막아 차고를 사용할 수 없었고, 공사 소음과 먼지로 인한 스트레스가 쌓였다. 6개월이나 걸릴 예정이라니, 처음의 설렘은 어느새 불편함과 짜증으로 바뀌어 갔다.

그러던 어느 날 사건이 터졌다. 바이올렛의 차고에서 불이 난 것이다. 차고 안을 페인트 하느냐 전구에 종이테이프를 붙여 놓았단다. 페인트 도중 차고에 전기 불이 나가 페인트공은 하루 일을 마감하고 퇴근했다. 그가 떠난 후에 전기가 다시 들어오며 전구에 붙여 논 종이가 과열이 되어 불이 붙었다고 했다. 밖에 우편물을 가지러 나갔다가 소방차를 본 나는 놀라 허둥지둥 뒷집 상황을 살폈다. 다행히 큰 불로 번지지 않았고, 소방대원들은 차분하게 화재를 진압했다.

화재의 충격으로 넋이 나간 바이올렛을 위해 저녁을 대접하기로 했다. 미국인을 집으로 초대하는 일이 익숙지 않아 약간의 긴장도 되었지만, 한국식 비빔밥을 만들어 대접했다. 함께 고추장에 비벼 먹으며 바이올렛과 그녀의 남편이 얼마나 맛있게 먹는지, 그 모습을 보는 나 또한 즐거웠다. "한국 음식이 전 세계적으로 인기 있다더니 정말이구나" 하는 생각이 들었다.

이 작은 저녁 식사는 이웃 간의 관계를 새로운 차원으로 끌어올렸다. 이번 기회에 옆집 베스와 그녀의 남편 빌도 초대했다. 베스는 이사 온 지 몇 년 되었지만, 늘 눈인사 정도만 나누던 사이였다. 화재라는 사건 덕분에 우리 세 가족이 한자리에 모이게 된 것이다.
다음 날, 베스는 스파게티를 만들어 바이올렛과 우리도 초대했다. 커다란 양푼에 담긴 스파게티를 식탁에 놓고 각자 먹을 만큼 덜어 먹는 모습에서 그녀의 소탈한 매력을 느낄 수 있었다. 그녀는 격식보다 마음을 중요하게 여기는 사람이었다.

베스는 우리를 자신이 다니는 교회의 크리스마스 행사에 초대했다. 그날 그녀의 새로운 모습을 보았다. 평소엔 티셔츠와 반바지 차림의 털털한 모습이었는데, 그날은 알록달록한 빤짝이가 달린 푸른 드레스를 입고 무대에서 사회를 보았다. 그녀의 카리스마와 유려한 스피치에 놀랐다. 알고 보니 그녀는 고등학교 교장을 지냈고, 지금은 교회 여전도회 회장을 맡고 있었다. 사람을 겉만 보고 판단하지 말라는 말이 생각났다. 내 딸이 언제나 하는 말이 새삼스럽게 느껴졌다. (don't judge a book by it's cover)

그 후 베스와 우리는 더욱 가까워졌다. 독립기념일에는 그녀가 준비한 불꽃놀이와 햄버거 파티를 즐겼고, 골프도 함께 치러 다녔다. 그런데 얼마 지나지 않아 그녀의 남편이 직장을 옮겨서 이사를 갔다. 좋은 친구를 잃어버린 서운한 마음이 나를 오랫동안 슬프게 했다. 그녀가 떠난 뒤, 이웃 간의 따뜻한 유대가 얼마나 소중한지를 깨달았다.

그녀의 빈자리를 채우기 위해 나는 동네 반장 일을 맡아볼까 마음먹었다. 그녀처럼 할 수 있을지 모르겠지만, 작은 걸음부터 시작하려 한다. 친구는 노력과 사랑, 그리고 연결고리로 만들어진다는 사실을 다시 한 번 가슴 깊이 새기며 말이다.

가을과 단풍 친구들

'가을은 여름이 타고 남은 것' 그런 시 구절이 있었다. 가을은 봄에서 징검다리 하나를 건너뛴 것 같다. 실행이 먼저였던 내 일상이었지만 이제 은퇴도 했겠다. 내 마음에 가을 여심이 가득 찼다. 시월의 화창한 날, 한국행 항공편을 예약하고 짐을 꾸렸다. 마음이 설레었다. 지금쯤 은행나무 단풍잎들이 이화여대 갓길을 노랗게 덮었을 것이다. 사십 년이나 만나지 못했던 친구들의 얼굴도 영상처럼 다가왔다. 그들은 어떤 색깔의 단풍으로 조화를 이루고 있을까?

키가 크고 착해서 남의 속을 잘 헤아리던 우리 간호학과의 퀸 SH. 글쓰기를 좋아해 국문학과를 가고 싶었지만 어머니 말씀 따라 간호학과에 진학해 재미 없다며 연애해서 결혼하겠다고 서두르더니 치과 군의관과 가장 먼저 결혼한 HK. 얌전하고 새침해서 연애 경험이 없었던 SN, 그는 일하던 병원의 간호과장 남동생과 단 2주 만에 약혼하고 덴마크로 웨딩드레스를 들고 떠났다. 그리고 남편을 식품가공학 박사를 만들어 금의환향했다. 발랄하고 재치 있어 친구들에게 춤도 가르치고 독일어까지 잘했던 WS. 그 친구는 독일로 떠나 독일인 엔지니어와 결혼했다. 그와 못 만난 지 30년이 지났다. 이번 여행에 나랑 한국에서 만나자고 약속을 했다.

이제 모두 귀여운 손자녀들의 할머니가 되었겠지. 이런 상상이 내 나이를 잊게 하고, 젊었던 대학 시절의 소녀로 되돌아가게 했다.

오랜만에 친구들을 만나 더 높은 가을 하늘 아래서 추억을 만들 기회가 내게 주어졌다. 대학 동창들이 두 달에 한 번씩 만나는 모임에서 나와 WS를 위해 1박 2일 여행을 준비했다는 소식이 전해졌다. 한국에 오면서부터 바쁘게 다니는 나를 보고 "너는 하숙생이냐?" 하시는 어머니의 볼멘소리를 뒤로하고 배낭을 둘러멨다. 육십이 넘은 여자가 지기엔 제법 무거운 배낭이었지만 나는 개의치 않았다. 대학 입학 당시, 가슴 설레며 기숙사로 달려갔던 그때처럼.

이게 얼마 만인가. 눈물로 고국을 떠나왔는데 어느새 내게 주어진 삶은 봄과 여름의 산자락을 지나 가을 고개를 넘고 있었다. 그 숱한 시간이 마치 어제 일처럼 기억의 창고에서 새록새록 솟아났다. 1968년 대학 입학식 날이 떠올랐다. 여고 시절 교복을 그대로 입고 온 앳된 모습의 아이들, 그리고 이미 멋을 부려 발랄함이 엿보였던 친구들이 삼삼오오 모여 등록을 했다. 빛바랜 앨범을 넘기다 보니 은퇴한 우리들의 만남이 세월의 흐름을 실감하게 했다.

만남 장소에는 열여섯 명의 동창들이 네 대의 승용차에 나누어 타고 나와 있었다. 마치 TV 화면 속 배역들이 억지로 노티를 분장한 듯했다. 낯선 얼굴 몇 명이 내 눈의 초점을 흐렸다. 사십 년 전의 모습을 다시 떠올리는 데 몇 초의 시간이 필요했다. 아마 그들도 나를 보며 같은 느낌이었으리라.

우리는 대명 콘도 소노펠리채에 짐을 풀고, 점심시간에 한정식 집으로 향했다. 가을 국화로 장식된 소노팰리채의 정문은 노란색, 버건디색, 핑크색의 국화로 하트 모양을 그리고 있었다. 이 가을 풍경을 사진에 담기에 안성맞춤이었다. 한국은 여인들이 살기 좋은 곳이구나. 언제부터 한국의 어머니들이 자기 차를 운전하고, 남편들 없이 좋은 음식점에서 삶을 즐기는 시대가 되었을까. 자랑스럽기도 하고 부럽기도 했다.

이민 1세대들은 잘되지 않는 영어를 배우며 일하고, 누구의 도움도 없이 아이들을 키우며 정말 힘든 길을 걸어왔다. 매일 똑같은 생활패턴이 지루하고 권태스러웠지만 가방에 사람의 뼈를 넣고 다니며 해부학 공부를 했던 대학 시절이 없었다면 미국 사회의 일원으로 살아갈 수 없었을 것이다. 만만치 않은 삶을 살아오느라 친구들을 너무 오래 잊고 지냈다. 그러나 활기차게 살아가는 친구들의 모습과, 인연의 온실 같은 모교를 다시 마음에 담을 수 있어 이 가을이 감사했다.

우리는 대학 기숙사 생활을 떠올리며 미팅 이야기, 연애 이야기로 밤을 지새웠다. 순한 막걸리와 다른 음료가 곁들여져 현실을 잊게 했다. 그 순간만큼은 누구의 아내도, 엄마도, 할머니도 아니었다. 스무 살을 갓 넘긴 여대생들이었다. 가을은 단풍만이 우리를 설레게 하는 것이 아니구나. 서로를 알아주는 친구들, 우리가 어떤 사이인지를 일깨워준 그 시절의 우정은 세월이 흘러도 변하지 않았다.

사람에게도 사계절이 있다면, 우리의 봄은 많은 추억을 남겼고, 이 가을은 순식간에 지나가고 말 것이다. 사십을 넘긴 사람은 제

얼굴에 책임을 지라고 했던가? 이 가을 한 철을 살아낼 단풍이 된 나는 어떤 색으로 물들까. 자동차로 몇 시간씩 산모퉁이를 돌고 계곡을 건너 달려도, 천연 미네랄이 뚝뚝 떨어질 듯한 버몬트의 고운 단풍이면 좋으련만. 아니면 내장산 바위 계곡의 울긋불긋 어우러진 단풍이어도 여한이 없겠다. 아니, 내 마음 그대로 여과 없이 배어나는 그런 단풍이면 더 무엇을 바라랴.

단풍은 색색이 어울려야 제격이다. 오랜만에 만난 친구들의 얼굴마다 가을빛이 선연했다. 각양각색의 단풍 색깔이 어우러져 있었다. 표정은 마음의 창. 말 한마디, 몸짓마다 진한 우정이 배어났다. 세월 앞에 장사 없다는 동병상련의 연민. 언제 또 만날 수 있을까. 우리, 이대로 세월을 아껴보자 친구들.

그곳에 가을비가 내리다 말다 해서일까. 심신이 눅눅해졌다. 그때, 탄성이 터졌다. "아! 저기 저!" 만고불변의 일곱 색 아치가 하나로 어우러졌다. 그 무지개 동산에 가을이 앉아 있었다.

개미와의 타협

계속되는 가뭄과 더위로 땅이 활활 탄다. 없던 습기까지 겹치니 남가주는 숨을 할딱거리고 있다. 더운 날씨에 항상 찾아오는 달갑지 않은 손님들이 있다. 개미떼다. 그들도 더위와 갈증에 못 참고 대피소를 찾아 나선 모양이다. 금년에 나타나는 개미들은 예년에 비하여 몸집이 작은 것이 특징이다. 보통 그들은 일렬횡대나 종대로 떼 지어 찾아오기 때문에 처리하기가 쉽다. 레이드 박멸제를 뿌리면 그만이다.

올해는 그들의 공격 방법은 진화되어 게릴라식 형태를 취하고 있다. 특히 먹잇감이 있거나 물기가 있는 곳, 즉 부엌, 화장실과 목욕탕은 물론이고 침실과 옷장 등 애매한 접속 부분이 있고 외부와 통할 수 있는 작은 틈새가 있는 곳은 그들이 선호하는 좋은 통로가 된다.

중가주 곡창 지대의 물 공급도 끊기고 심지어 툴레어카운티의 주민들은 수돗물조차 부족하여 공동 우물탱크를 사용하여 지역 공동 우물 탱크를 사용하여 식수를 해결한다는 소식이다. 내가 살고있는 헌팅톤비치도 한여름이라야 보통 최고 화씨 70도 후반을 넘나들었는데, 금년 에는 90도를 넘는 기온을 보였다. 에어콘을 사용하지 않으려고 참아보지만 밤에도 흐르는 땀 때문에 어쩔 수 없다.

날이 더워지니 집에 산발적으로 개미가 몇 마리씩 나타났다가 다시 사라지곤한다. 대처 방법이 쉽지가 않다. 최선책은 늘 경계를 늦추지 않고 다니면서 보는 대로 박멸하는 초전박살 작전이다.

정탐꾼들인 척후개미는 몸에서 내뿜는 페로몬으로 길을 닦아 다른 개미들을 불러들인다. 그러기에 그 떼가 몰려들어오기 전에 처치하는 것이다. 힘들고 신경이 많이 쓰이는 방어 방법이다. 이렇게 그들과 싸우다 보니 작은 까만색 먼지 조각마저도 개미로 보이며 몸도 근질근질한 것이 영 기분이 좋지 않다. 그래도 인내심을 갖고 나오기를 기다려 본다.

경계의 눈빛으로 주위를 바라보며 어디에 숨어 있을 개미들에게 이야기하며 통보한다.
인간이 얼마나 잔인하고 무서운 존재인지 너의 조상들이 떼죽음 이야기를 통하여 족히 알고 있을 것이다.

그 유명한 히로시마의 원자폭탄 위력이나 유대인 학살로 무서웠던 아유슈비츠의 가스실 주위에서 인간과 같이 희생되었던 너희들도 이젠 옛이야기이다. 지금은 더 잘 개발된 강력한 살인 무기들이 있다는 것을 실험 장소 주위에 살고 있는 너희들은 잘 알 것이다.

인간은 이기적이어서 자기 이익과 명예를 위해서라면 참지 못하고 한없이 악해진단다. 나도 인간이기 때문에 이런 악함이 있다. 내가 너희들을 나의 집안에서 제거하는 것은 아주 손쉬운 일이야. 해충방제 회사 사람을 불러 처리하면 너희들은 죽어 최소 6개월간은 오염된 땅으로 말미암아 이곳에 발을 붙일 수도 없을 것이야. 그러나 나는 선한 마음도 가지고 있다. 인간은 원래 선했는데 죄로 악해진 동물이다. 너희들이 나를 괴롭히지 않는 한 너희를 희생시킬 마음은 없다. 이렇게 난 계속 개미와 독백전을 펼치면서 말을 이어갔다.

우리와 같이 사회적 조직을 갖고 서로 분업하며 의사를 소통하며 복잡한 문제를 해결하며 살아가는 너희들의 지혜를 잘 알고 있다. 사막 열기에도 북유럽의 스텝지역 혹독한 추위에도 잘 견뎌내며 일부 빙하지역과 섬 몇 군데만 제외하고는 지구상 모든 곳에서 강인하게 살아온 너희들인 것도 난 책에서 읽어 족히 알고 있다.

인간의 역사와 숫자에 비교할 수 없을 정도로 어마어마한 너희들, 1억 3천만여 년을 살아왔으며 1만 4천여 종족을 가진 너희들이지. 그렇기에 인간 역사상 가장 지혜로웠던 솔로몬 왕도 '땅에 작고도 가장 지혜로운 것 넷 중 하나'라고 하며 너희들의 지혜를 배우라고 했다. 우리의 경험은 너희에 비하면 어린아이에 불과하다.

그러나 이방인인 나에게 살고 있는 집이 너희들의 보금자리 위에다 세워졌다고 주장하며 수시로 연락 없이 들어와 권리를 행사하지 말기를 바란다. 나도 너희와 같이 창조주의 지음을 받은 몸이며 너를 포함한 만물을 다스릴 수 있는 권한까지도 부여받은 더 위대한 인간이다. 보호구역인 나의 집에 들어와 간섭하며 교만스럽게 괴로움을 주지 말기를 바란다.

베르나르 베르나르가 '개미'의 책에서 주장한 것같이 지구가 존재하는 한 앞으로도 우리와 같이 나란히 걸어갈 것이며 뜨락 안에 도시를 세우고 있는 너희들을 이해하고 나의 영역을 인정하여 침범하지 말고 서로 사이좋게 세상 이웃들과 조화를 이루며 살아가 주기를 바란다.

개미에 대한 연구와 공부 끝에 이런 대화의 문을 열기로 한 내가 기특하다고 생각했는지 개미들은 모처럼 슬금슬금 나를 피해 갔다.
어느새 나의 호소를 들었는지 개미가 보이지 않았다. 안심하고 잠자리에 들어도 되겠다.

49일간의 동거

조용하던 집이 시끌시끌하다. 결혼한 딸이 20년 만에 가족을 데리고 한 달을 머물 예정으로 왔다. 딸네 집이 여기저기 물이 새고 부서져 수리한단다. 코로나로 건축 인력이 부족한 이때 한 달 만에 고칠 수 있다는 말에 믿음이 안 간다. 모처럼 딸 식구랑 살 생각을 하면 설레기도 하고 한편 기일 안에 수리가 끝날 수 있을까 불안하기도 하다.

남편과 둘만 살다가 여섯 식구가 되니 부엌에 수저통부터 바꾸었다. 열다섯과 열두 살 손녀들은 젓가락보다는 포크가 편했다. 음식도 토스트와 계란 후라이, 오렌지주스나 향기 좋은 커피가 그들의 아침 식사였다. 식빵을 아침마다 여덟 쪽을 먹으니 식빵 한 봉지가 이틀도 안 되어 사라졌다. 식빵 값이 그렇게 비싼 줄 처음 알았다.

딸 식구는 다섯 명인데 큰손자가 대학 기숙사에 있어서 그나마 네 명으로 줄어서 다행이었다. 그것도 잠시 곧 봄 방학이 되어 합류하니 일곱 명이 한집에서 1주일을 복작대면서 살았다. 손자는 소파에서 자야 했다. 1주일만 지내다 가서 "휴"하고 한숨 돌렸다. 화장실 청소는 하루에 한 번씩 손녀들의 머리카락을 줍는 일로부터 시작되었다. 손녀는 빤짝거리는 머리를 유지하려면 매일 샴푸

하고 잘 빗어 내리고 이것저것 영양제를 뿌려야 한다고 말했다. 화장실은 어느새 젊은이들의 장소로 바뀌었다. 샴푸와 린스만 있던 옛날의 내 화장실이 더 이상 아니었다.

빨래는 하루에도 몇 번씩 세탁기를 돌렸다. 커다란 목욕 타월은 한 번 쓰고나면 빨래통으로 들어갔다. 마치 호텔에 와 있다고 착각하는 것 같다. 요즘은 코로나로 호텔도 일주일 내내 타월을 바꾸어 주지 않던데. 지난번 호텔에 갔을 때 룸서비스가 없다고 프론트 데스크에 쓰여 있었다. 손녀들은 전기 불을 켜 놓고 이방 저방 다닌다. 일일이 지적도 못 하겠고 따라다니며 불 끄는 일도 지쳐서 포기했다. 어느 날은 새벽 한 시에 일어나보니 아이들 방과 복도가 대낮처럼 밝다. 딸한테 한 마디 하고 싶은 마음이 목까지 치밀었지만 참았다. 어릴 적 어머니가 전깃불을 끄라고 호통 치시던 모습이 떠올라 웃음이 절로 나온다. 그 시절, 전기와 물을 아끼던 기억이 새록새록 했다.

친구 모임에서 딸과 살면서 느낀 애환을 얘기하니 모두 이구동성이다. "딸과도 세대 차이가 있는데, 손주들까지 있으면 참는 게 최선이야." 누군가의 조언이었다. 어느 수필집에서 읽었던 말대로 가까이서 살면서 상처의 골이 깊어 질까 봐 두려웠다.

그러다 사건이 터졌다. 방학을 맞아 찾아온 손자가 아침 10시쯤 식사를 챙겨주니 맛있게 먹고 앉아서 전화기를 들여다보고 있다. 때는 이때다 싶어 차고 문이 오래되어 삐거덕하는 소리를 내니 차고 문과 연결된 힌지에 기름을 발라 줄 수 있냐고 물었다.

손자는 고개만 끄덕거린다. 눈을 안 맞추고 대답하는 게 요즘 아이들의 특징이다. 일 년 동안 남편한테 졸랐으나 WD 약만 사다 놓고 뿌릴 엄두를 못 내고 있었다. 손자가 도와준다고 약속했으니 기다렸다. 남편에게 같이 하라고 얘기해 놓았다. 그리고 몇 분 후에 아래층으로 내려와 보니 자리에 있어야 할 손자가 눈 깜짝할 사이에 사라졌다. 불러도 대답이 없더니 아래층 화장실에서 나온다. "할머니 화장실 물 내리는 풀런져가 어디 있어요?" 한다. "그건 왜?" 물으니 자기가 변을 봤는데 변기에 물이 넘쳐흘렀다고 했다. 화장실 바닥이 물바다가 되었으니 오히려 자기를 도와 달라고 한다. 큰 타월로 바닥을 닦고 법석을 떠는 동안 할아버지는 사닥다리를 놓고 차고 문에 기름을 혼자 다 칠 했다.

그날 있었던 사건을 딸한테 얘기했다. 딸은 화장실 가는 걸 어떻게 늦출 수 있었겠느냐 하며 듣기 싫은 소리를 한다. 할아버지와 손자가 함께 일하는 그림을 그렸던 나의 작은 꿈은 순식간에 무너져버렸다.

그 후로 딸과 나는 불협화음의 연속이었다. 법정에서 변호사로 일하는 딸과 사위는 저녁밥을 해 놓으면 늦게 올 때가 많아 그 식은 밥은 다음 날 남편과 내 차지였다. 두 손녀는 농구 선수로, 저녁 9시가 되어서야 집에 들어오는 일이 다반사였다. 손녀들이 오면 주말에 함께 아침을 먹고 쇼핑하리라던 내 계획은 산산이 부서졌다. 저녁에 바닷가를 거닐고 옛날얘기도 들려주고 사진도 찍으려던 일이 한낮 물거품이었다. 그들은 각자의 삶에 너무 바빴고, 할머니를 위한 시간은 없었다. 저렇게 사는 게 그들의 살아가는 방법인 걸 어쩌겠나. 내가 할 일은 응원하는 것 뿐이지 생각하니 마음이 가벼워졌다.

 딸이 한 죄수의 무죄를 증명하느라 바쁘게 정신없이 일한 것을 나중에 알았다. 21살에 살인 누명을 쓰고 10년을 복역한 그 청년의 결백을 찾아주기 위해 그토록 고생했단다. 결국 무죄 판결을 이끌어 내서 살인자의 누명을 벗기고 한 가족의 삶을 되찾아준 그 일이야말로 진정 소중한 것이 아니었을까. 머리카락을 줍고, 식빵을 사느라 투덜댔던 내 모습이 부끄러워졌다.

 49일간의 동거가 끝나고, 집은 다시 고요해졌다. 동거 49일 만에 4명의 가족이 떠난 자리엔 주워 담을 윤기나는 머리카락도, 쫓아다니며 불 끌 방도 없다. 수북이 쌓인 토스트도 사라졌다. 향기로운 이탈리아 커피 냄새가 아련하게 떠오르는 순간이다.

국제고아

 가을이 깊어가는 이 계절, 나는 지난 한국 여행에서 순희만 못 만난 아쉬움이 컸다. 대학 시절 함께 뛰놀던 아홉 친구 중 여덟 명은 다 만났건만, 유독 순희 얼굴을 보지 못해 마음 한구석이 텅 비었다. 2년 전 우리가 전철을 타고 순희를 찾아갔을 때, 독일에서 온 완숙이와 신촌에 사는 인숙이, 향숙이, 그리고 각자의 남편들까지 모두 모여 봉고차를 타고 한정식 집으로 향했던 그날이 엊그제 같은데…

 은퇴 후 5년 동안 네 번이나 한국을 다녀왔지만, 정작 순희는 카톡도 이메일도 없어 이렇게 편지로 마음을 전한다. 가을은 멀쩡한 사람의 마음도 흔들어 놓는 계절. 낙엽 지는 소리에도, 스쳐가는 바람결에도 중년의 우리에겐 깊은 사색이 스민다. 다가오는 것보다 떠나는 것이 더 많은 나이, 저무는 것에 대한 애틋함이 더욱 간절해지는 때다.

 용인의 '휘리스트' 콘도에서 동기들과 보낸 1박 2일은 아직도 내 눈앞에 선하다. 향숙이가 소개한 80평짜리 단층 별장은 단풍 든 산을 온전히 품고 있었다. 우리는 먹고, 웃고, 떠들며 추억을 되살렸다. 특별한 주제 없이 흘러간 수다 속에서도, 이제는 서로의 흉을 보지 않는 세련된 중년의 품격이 느껴졌다. 나를 반겨주는 친구들 사이에서도 순희 네가 없다는 것이 나는 무척 섭섭했단다. 나 보고 네가 그랬지 "규련아! 네가 한국에 살면서 우리 곁에 있었다면 이곳 친구들 인생이 더 풍요로웠을 텐데" 하던 말이 아직도 가슴에 남는다.

다음날, 우리는 낙엽이 살포시 떨어지는 산책로를 걸었다. 하이킹 코스 중간에 마주친 정자에서 문득 걸음을 멈췄다. 완숙이가 부른 '사랑의 세레나데'에 맞춰 목청을 돋우던 순간, 옆에 고인 웅덩이마저 낭만적인 호수로 보였다. 내려오는 길에 주운 공작단풍을 손에 쥔 채, 나는 삶의 덧없음과 우리의 추억에 대해 깊이 생각했다. 떨어지는 낙엽 하나에도 인생의 무게가 느껴지는 나이가 된 것이다.

종로구 옥인동 동생 집에 머물며, 나는 서울의 급격한 변화에 할 말을 잃었다. 미국에 살다 돌아온 눈에는, 낯선 고층빌딩들과 복잡한 도로들이 추억의 터전을 갉아먹는 듯했다. 길가에 널린 전선들은 마치 우리 정치판처럼 엉켜 있었고, '정치가란 싸우는 사람들'이라는 어느 아버지의 말이 가슴에 와닿았다. 이산가족 상봉 소식을 접할 때마다, 왜 우리 민족만이 이렇게 나뉘어 살아야 하는지 가슴이 미어졌다.

"재미있는 지옥이 한국이고, 재미없는 천국이 미국"이라는 누군가의 말이 떠오른다. 한국에선 역이민을 꿈꾸지만, 정직 미국은 떠날 수 없는 현실. 우리는 어쩌면 '국제고아'인지도 모르겠다.

그래도 우리는 영원한 한국인으로 살아갈 것이다. 먼 훗날 우리 후손들이 이 할머니의 뿌리를 자랑스럽게 여기길 바라는 마음뿐이다.

한국식, 미국식

어제는 기다리고 기다리던 22개월 된 손자를 보러 가는 날이었다. 지난 8월 중순에 본 이후로 벌써 세 달이 다 되어가니 손자가 얼마나 자랐을지 궁금하고 보고 싶었다. 딸이 출산을 했을 때는 하루가 멀다 하고 외손자나 외손녀를 봤었는데, 친손자는 이렇게 자주 못 본다는 사실에 마음 한편이 쓸쓸해졌다. 딸은 "치사해서 말도 못 하겠지? 그냥 어디에 내 손자가 잘 크고 있겠지" 하며 살라고 위로를 해주었다. 나도 그저 그렇게 마음을 달랠 뿐이었다.

마침 한국에서 이모들이 오신다는 핑계로 용기를 내어 미국 며느리에게 문자를 보냈다. 한국 문화에서는 친척이 오면 집에 초대해 저녁을 대접하는 것이 예의다. 그래서 7명이 갈 테니 음식 준비를 부탁했다. 이모들과 그 남편들까지 포함한 인원이니 꽤 큰 숫자였다. 아들과 며느리가 흔쾌히 음식을 주문해 놓겠다고 답했다.
한국에서 온 86세 큰언니와 71세 여동생 앞에서 내 체면이 섰다. 게다가 여기 사는 큰딸이 내 9월 생일을 늦게나마 함께 축하하자고 하니, 나는 소풍을 기다리는 아이처럼 금요일을 손꼽아 기다렸다.

금요일 아침, 며느리에게서 "3시 30분에 오라"는 문자가 왔다.

손자가 낮잠을 자는 시간이 12시부터 2시 30분까지라는 이유였다. 점심도 아니고 저녁도 아닌 어중간한 시간이었지만 초대 자체가 고마워 "알겠다"고 했다.

  3시 30분이 되기 전에 서둘러 갔더니 이모 셋은 집 앞에 차를 세워 놓고 우리를 기다리고 있었다. 한국 며느리였다면 밖에서 기다릴 필요는 없었을 텐데 미국 며느리라는 문화적 차이를 생각하니 괜스레 미안했다.

  시간이 3시 40분쯤 되었을 때 초인종을 눌렀다. 유리창 너머로 집 안은 훤히 보였지만 사람은 보이지 않았다. 손님을 초대해 놓고 어딜 간 건가 싶어 당황스러웠다. 정원을 한 바퀴 둘러보며 시간을 끌다 문을 두드리니 멕시코 출신인 보모가 문을 열어 주었다. 그제야 며느리가 얼굴을 내밀며 첫마디로 "4시에 오라고 하지 않았냐"고 했다. "아니야, 네가 3시 반이라고 문자 보냈잖아." 순간 목소리를 높이고 싶었지만 겨우 참고 고개를 저었다. 그제야 며느리는 "그게 뭐가 중요하냐"며 어색하게 웃었다. 하지만 여전히 "분명히 4시라고 했는데"라는 표정을 짓고 있었다. 나는 속으로 한숨을 쉬며 그 상황을 넘어가기로 했다. 요즘은 한국 며느리도 약속 시간 전에 오면 문을 안 열어준다고 들었다. 시간보다 일찍 자식 집에 가면 동네 한 바퀴 돌고 들어가야 한다는 것이 상식이다.

  단체로 몰려오는 손님들을 맞는 며느리의 모습은 어색하기 짝이 없었다. 나 또한 미안한 마음에 어찌할 바를 몰랐다. 말도 안 통하는 한국 사람들과 문화적 차이가 분명히 느껴지는 순간이었다. 며느리는 남편이 음식을 받으러 가서 신경이 곤두서 있었다고 해명했다. 미국이든 한국이든 손님 접대하는 것은 그리 다르지 않을 텐데. 아들이 원망스러웠다. 내가 아들을 잘못 가르쳤구나 하면서 때 늦은 한탄을 하다 보니 파티도 하기 전에 상처만 남은 날이 되었다.

딸들하고 똑같이 길렀고 초, 중, 고등학교도 똑같은데 다녔는데 유독 아들만 한국 사람과 결혼을 안했다.

색깔이 다르다고 사람이 다른 건 아니고 성격이 다르다고 틀린 것은 아니다. 서로 알아 가면 언젠가는 합력하여 선을 이루는 한 식구가 되리라 믿는다.

후드 레인지

여행을 마치고 돌아오니, 반갑게 맞이하는 것은 가족도, 따뜻한 집도 아닌 고장 난 기계들뿐이었다. 40일 만에 다시 들어선 부엌에서 간단한 식사를 준비하려고 스토브를 켜고, 자연스럽게 후드 레인지를 작동시켰다. 평소처럼 조용히 작동하며 부엌의 냄새를 빨아들여야 할 후드 레인지가 꿈쩍도 하지 않았다. 마치 화난 중학교 2학년 학생처럼 말 한마디 없이 나를 외면하는 듯했다.

이 후드 레인지는 19년 동안 큰 문제 없이 묵묵히 제 역할을 해 왔다. 그래서 더욱 당황스러웠다. 생각해 보니 6개월 전에도 한 차례 문제가 생겨 800달러를 주고 수리했었다. 당시에는 시작 버튼이 작동하지 않는 문제였는데, 이번에는 아예 모터가 고장 났다는 것이다. 수리공을 다시 불러 확인해 보니 모터가 완전히 죽어 버려 더는 사용할 수 없다는 진단이 내려졌다.

우리 집 후드 레인지는 뉴질랜드에서 제조된 제품인데, 오랜 시간이 지나 이제는 같은 모델을 구할 수도 없단다. 후드를 그대로 두고 모터만 교체하면 안 되겠느냐고 애원해 보았지만, 제조사에서는 후드와 모터를 같은 브랜드의 짝으로만 사용해야 한다고 했다. 황당하면서도 어쩔 수 없는 현실이었다.

새로운 제품을 알아보기 위해 온라인을 뒤지고 수십 군데에 이메일을 보내며 전화를 걸었다. 그러다 보니 후드 레인지라는 것이 단순한 기계가 아니라는 사실을 새삼 깨닫게 되었다. 크기가 조금만 달라도 부엌에 맞지 않거나 설치가 어려울 수 있었고, 가격 또한 천차만별이었다. 최고급 제품은 무려 4,500달러에 달했다. 얼마나 더 오래 산다고 최고급을 사야 하나 싶었고, 경제적으로도 부담이 되어 더 저렴한 대안을 찾기로 했다.

여러 날 동안 검색하고 문의한 끝에 크기와 가격이 적당한 제품을 찾아냈다. 오렌지 시에 있는 한 가게에서 판매 중이었는데, 주변 동네는 반짝반짝 빛나는 고급 상점가는 아니었지만, 그곳에서 만난 사람들은 친절하고 정직했다. 기계를 사러 갔다가 사람들의 따뜻함까지 얻어온 느낌이었다.

이번 일을 통해서 후드 레인지에 대해 많은 것을 배웠다. 예를 들어, 후드 속 필터도 정기적으로 식기세척기에 넣어 깨끗이 세척해야 한다는 사실을 알게 되었다. 또한, 어떤 기계든 오래 사용하려면 정기적인 유지보수가 필수라는 것도 배웠다. 한 번씩 전문가를 불러 점검받거나 부품을 청소하는 것이 중요하다고 했다. 이제는 누군가 후드 레인지가 고장 나면 나도 한 수 가르쳐 줄 수 있을 것만 같다.

이 경험을 통해 배운 것은 기계 관리뿐만이 아니었다. 문득 우리 몸도 이와 다를 바 없다는 생각이 들었다. 평소에 잘 관리하고 챙기지 않으면 어느 순간 갑자기 큰 문제가 생길 수 있는 것이다.

건강할 때 영양제를 챙겨 먹고, 꾸준히 운동하며 몸을 관리해야 하는데, 우리는 종종 그 중요성을 잊고 산다. 몸이 버티지 못하고 신호를 보낼 때가 되어서야 비로소 허겁지겁 의사를 찾아 나서는 것이 현실이다.

기계든 사람이든 관심을 가지고 정성을 들여야 오래 함께 할 수 있다. 이번 후드 레인지 사건을 계기로 나도 내 몸을 더 아끼고 보살펴야겠다는 다짐을 하게 되었다. 운동도 게을리 하지 않고, 영양제도 잘 챙겨 먹으며 건강을 지켜야겠다고 다짐했다. 아프면 나뿐만 아니라 가족들까지 함께 고생할 테니 말이다.

배움에는 끝이 없다고 했던가. 때로는 사소한 사건이 우리에게 더 큰 깨달음을 준다. 나는 고장 난 후드 레인지를 통해 내 몸을 돌보는 법을 다시금 배웠다. 앞으로는 기계뿐만 아니라 내 건강도 더 자주 점검하며, 오래도록 좋은 상태를 유지하기 위해 노력해야겠다.

제3부

어느 미국 간호사의 삶의 발자국

폴리스 우먼

폴리스우먼은 아무도 모르는 나의 별명이다. 남편이 나에게 주었기에 우리 둘만이 아는 비밀 같은 이름이다. 처음 이 집으로 이사 와서 나는 몸에 안 맞는 옷을 입은 듯한 기분으로 살았다. 이곳은 게이트 커뮤니티였고, 그 안에 규칙이 얼마나 많은지 처음엔 기억조차 어려웠다. 개나 강아지는 두 마리 이상 기를 수 없고, 화초도 베란다에 아무렇게나 내놓을 수 없었다. 집마다 대문 옆에 작은 꽃밭이 있는데, 그곳이 지저분하면 경고 편지가 날아온다. 자기 집에서 자동차도 닦을 수 없고, 차고 문도 이유 없이 오래 열어 놓아서는 안 된다. 그 외에도 규칙은 수도 없이 많아 내가 어디에 살고 있는 건지 헷갈릴 정도였다.

친구가 우리 집에 놀러 왔다가 동네가 마음에 든다며 근처에 집을 샀다. 그녀는 월넛에서 30년 넘게 살다가 이곳 바닷가로 이사 오며, 공기가 너무 좋다며 만족해했다. 그러나 얼마 지나지 않아 그녀의 집에 문제가 생겼다. 앞 정원에 바나나 나무 비슷한 것이 자라 집 앞을 가리고 있었다. 그녀의 남편은 답답하다는 이유로 그 나무를 게이트 회장과 의논도 없이 잘라 버렸다. 그러자 바로 게이트 커뮤니티 회장한테서 편지가 날아왔다. 125달러의 벌금을 내라는 것이었다. 앞 정원은 개인 소유가 아니라 게이트 커뮤니티

관리에 속한 영역이기 때문이었다. 내 친구는 황당해하면서도 규칙을 몰랐던 자신을 탓했다.

지금 나는 이곳의 규정에 어느 정도 익숙해졌다. 저녁마다 동네를 산책하며, 누구 집이 규칙을 어기고 있는지 자연스럽게 알게 된다. 산책 중에 나도 모르게, "저 집은 차고 문이 열려 있네," "저 집은 정원이 너무 지저분해" 같은 말을 하면 남편이 웃으며 묻는다. "폴리스우먼이야, 당신?" 그럴 때마다 나는 나도 모르게 얼굴이 뜨거워진다.

이런 버릇은 다른 곳에서도 발동한다. 어제 피트니스 센터에 가서 수영을 하는데, 한 레인에 두 명만이 들어가야 한다는 규칙이 있다. 그런데 내가 수영하고 있는 레인에 어떤 여자가 세 번째로 들어왔다. 허락도 없이, 물어보지도 않고 슬그머니 들어와선 자리를 차지했다. 베트남 여자같이 생기기도 하고, 중동 사람 같기도 한 그녀와 함께 세 명이 물속에서 부딪쳐 사고가 날 뻔했다. 결국 나는 그녀에게 다가가, "세 명이 같이 하면 위험하니 10분 후에 내가 나갈 테니 잠깐만 기다려 달라"고 말했다. 그녀는 영어를 알아듣는지 못 알아듣는지 웃기만 하며 물속에 그대로 있었다. 이런 상황에 무력감을 느끼며 나는 생각했다. '요즘 세상이 왜 이렇게 흘러가는 걸까? 예의도 없고, 법도 없다.'

샤워장에서도 비슷한 일이 있었다. '자기가 흘린 머리카락은 자기가 쓰레기통에 넣고 가세요'라는 표지판이 붙어 있는데, 어제 어떤 여자가 샤워하며 커튼 밑으로 자기 머리카락을 발로 밀어내고 있었다. 속으로 한마디 하고 싶었지만, 나이가 지긋한 분이라 차마 말할 수 없었다. 대신 내가 주워서 쓰레기통에 버렸다.

이렇게 폴리스 노릇을 하고 나면 속이 편치 않다. '네 이웃을 네 몸처럼 사랑하라' 하신 하나님의 말씀에 어긋나는 것 같아서다. 진정으로 '내 이웃을 사랑하고 실천하기'가 쉽지 않을 때, 나는 어떻게 해야 할지 늘 고민한다. 보이지 않아야 할 것들이 왜 내 눈에만 보이는 걸까? 이런 생각에 하루 종일 마음이 무거웠다.

함께 사는 사회에서는 약속된 규칙을 지켜야 서로가 편하다. 남을 배려하지 않고 자신이 편한 대로만 살면, 결국 질서가 무너진다. 그러나 폴리스 노릇을 하면서도 나는 혼자 마음이 상한다. 진짜 경찰처럼 불법을 보면 티켓이라도 발부하며 주의를 줄 수 있다면 좋으련만, 나는 별명만 폴리스우먼일 뿐 아무런 권한도 없다. 그래서 오늘도 아쉬운 마음으로 주위를 둘러본다.

"제발, 지킬 것은 지키고 삽시다." 그렇게 속으로 외치면서도, 나는 여전히 내 역할과 신념 사이에서 갈등하고 있다. 규칙을 지키는 것과 사랑을 실천하는 것 사이에 놓인 이 딜레마를 해결할 방법은 없는 걸까?

노동의 즐거움

　1월 10일, 오늘도 로스앤젤레스에 다녀왔다. 12월 27일에 세입자가 이사 나간 이후로, 연말이 가는지, 새해가 시작된 지도 제대로 실감하지 못한 채 하루하루를 보냈다. 세입자는 3년 동안 이 집에서 살았는데, 떠나고 난 집은 마치 전쟁터를 방불케 했다. 부엌과 거실 곳곳에는 얼룩이 남았고, 오븐도 고장 났으며, 냉장고는 작동하지 않았다. 설상가상으로 식기세척기도 더 이상 쓸 수 없는 상태였다.
　'내가 어렸을 적 같으면 고장 난 가전제품이라도 엿장수에게 넘기고 엿이라도 하나 받아먹을 텐데…'
　문득 그런 생각이 들어 혼자 피식 웃었다. 그러고 보니 며칠 전 홈디포에서 새 식기세척기를 주문했는데, 오늘 아침 8시에 배달이 온다는 연락을 받았다. 우리 집에서 그렇게 이른 시간에 로스앤젤레스까지 가는 것은 쉽지 않은 일이었다. 그래서 매니저에게 연락해 배달을 맡겼다. 그녀는 흔쾌히 자신이 해결하겠다고 했다.
　그런데 불안한 마음에 새벽 6시 30분에 일어나 서둘러 집을 떠났다. 도착해 보니 다행히 식기세척기는 이미 배달되어 있었다. 옆집에 사는 멕시코인 부부가 배달 기사에게 문을 열어주었다고 한다. 매니저는 오지 않았다. 내 마음대로 일 해주는 사람을 찾는다는 것은 어려운 일이다. 혼자 마음 상해봐야 나만 손해라서 바쁜 그녀를 이해하려 애썼다.

그 집에 도착하니 청소할 곳이 너무 많았다. 청소 아줌마도 부르고 페인트공도 고용했지만, 우리도 손을 놓고 있을 수는 없었다. 빈집에서 가만히 있는 것보다 몸을 움직이는 것이 훨씬 나았다. 의자 하나 없는 공간에서 무엇을 하겠는가? 손이 닿는 대로 걸레를 들고 청소를 시작했고, 이후에는 페인트칠까지 하게 되었다. 당연히 손에도, 옷에도 페인트가 잔뜩 묻었다. 손톱도 거칠어지고 손끝이 상했지만, 이상하게도 기분은 나쁘지 않았다.
오히려 즐거웠다.
'이게 노동의 신선함일까?'
손에 묻은 페인트 자국을 바라보며 문득 그런 생각이 들었다. 남편은 힘들면 쉬라고 했지만, 나는 농담 반 진담 반으로 "난 이제 내 취미를 찾은 것 같아"라고 말했다. 페인트칠은 너무나도 재미있었다. 얼룩지고 더러웠던 벽이 새하얀 페인트를 만나면서 점점 깨끗하게 변하는 모습을 보니 마음마저 정화되는 기분이었다. 마치 내 삶에서 지워버리고 싶은 부분을 하나씩 덮어가는 느낌이랄까. 페인트칠이 마무리 될수록 집도 제 모습을 찾아가고 내 마음도 가벼워졌다.

3층짜리 집을 오르락 내리락하며 작업하느라 온몸이 땀범벅이 되었다. 집에 돌아왔을 때는 다리가 아파서 제대로 걸을 수도 없을 지경이었다. 마치 하루 종일 등산을 하고 내려온 것처럼 다리가 풀려버렸다. 몸은 피곤했지만 마음은 충만했다. 그저 집에서 무료하게 시간을 보내는 것이 아니라, 온몸으로 노동하며 하루를 생산적으로 보냈다는 것이 뿌듯했다.
 생각해 보니 몇 년 만에 경험해 보는 8시간의 노동이었다. 몸이 피곤한 만큼 오늘 밤은 꿀잠을 잘 수 있을 것 같다. 이런 하루라면 또 보내고 싶다.

코로나바이러스가 준 감사의 재발견

자녀들이 모두 떠난 우리 집은 외로움의 천국이었다. 그러나 코로나바이러스는 우리 삶에 많은 변화를 가져왔다. 언제나 가까이 계셔서 당연히 함께 할 것 같았던 부모님도 어느 순간 말없이 떠날 수 있음을 우리 집 아이들도 깨닫게 되었나보다. 그 순간부터 그들은 우리에게 더욱 많은 신경을 써주기 시작했다. 식료품을 사다 주고, 전화도 자주 하며, 요즘에는 방문도 잦아졌다. 손주들 또한 바쁜 일상 속에서 벗어나 우리 집에 와서 함께 시간을 보내며 예전보다 더 여유로운 모습으로 우리 곁에 머물렀다. 이렇듯 예상치 못한 변화 속에서 외로움 대신 따뜻한 가족의 온기를 느낄 수 있었다. 마치 하나님께서 숨 가쁘게 살아가는 우리에게 휴식의 시간을 주신 것만 같았다.

며칠 전, 내 생일잔치를 우리 집에서 열기로 했다. 오랜만에 모인 가족들과 함께 지난날을 회상하며 즐거운 시간을 가졌다. 첫째 딸과 둘째 딸은 어릴 적 우리가 경제적으로 어려웠던 시절을 떠올리며, 특별한 날에만 갔던 Sizzler 레스토랑에서 마늘빵을 배부르게 먹었던 기억을 이야기했다. 또한, 한국에서 오신 외할머니와 함께 갔던 중국 식당에서 둘째 딸이 회전식 상을 돌리는 바람에 뜨거운 차가 할머니의 다리에 쏟아졌던 사건도 웃으며 되새겼다. 지난날의 기억을 떠올리며 함께 웃을 수 있음에 감사했다.

새해가 되면 나는 가장 먼저 가족들의 생일을 달력에 펜으로 표시한다. 1974년, 혈혈단신으로 이민을 왔을 때는 홀로였지만, 지금은 열다섯 명의 가족이 생겼다. 이 모든 것이 하나님이 주신 소중한 선물이기에 나는 누구보다 먼저 가족들의 생일을 챙긴다.
몇 년 전, 뉴욕에 사는 아들이 새 회사에 입사하며 내 생명보험 수혜자로 나를 지정하려고 생일을 물었다. 하지만 그는 내 생일을 몰랐고, 나는 핀잔을 주며 2월 **일이라고 알려주었다. 몇 달 후, 아들은 내 생일을 축하하는 문자를 보냈다. 그러나 내 실제 생일은 9월 **일이었다. 아들은 왜 내가 두 개의 생일을 갖고 있는지 이해하지 못했다.

나는 6·25 전쟁 중 강원도 강릉에서 태어나 충북 괴산으로 피난을 갔다. 전쟁 속에서 태어난 우리는 생일을 정확히 기록할 수 없었고, 내 또래 친구들 중에도 두 개 이상의 생일을 가진 경우가 많았다. 어린 시절에는 내가 축복받고 태어난 사람이 아니라고 생각하며 속상해하기도 했다. 아들이 절실했던 집안에서 딸로 태어났고, 출산을 돕던 산파가 "딸입니다"라고 말하자 아버지는 말없이 그 자리를 떠났다고 한다. 아버지의 무심한 반응을 어머니의 하소연처럼 들었고, 사춘기 때는 그 기억이 서운함으로 다가왔다. 마치 영화 "이유 없는 반항"의 주인공처럼 반항하며 연애소설을 읽고, 금지된 영화관을 드나들며 어머니 속을 태우기도 했다.

어느 날, 교회에서 우연히 들은 복음성가 "당신은 축복받기 위해 태어난 사람"이 내 마음을 울렸다. 그 순간 나는 단순히 우연히 태어난 존재가 아니라, 하나님의 뜻에 따라 이 세상에 보내졌음을 깨달았다. 그리고 부모님의 마음을 더욱 깊이 이해하게 되었다.

코로나로 인해 어려운 시기를 지나고 있으며, 교회도 직접 갈 수 없지만, 하나님께서는 유튜브와 줌을 통해 예배를 드릴 수 있는 길을 예비해 주셨다. 10개월 동안 만나지 못한 사랑하는 교우들을 위해 기도할 수 있음에 감사했다. 헤르만 헤세는 '그 사람을 위해 기도할 각오 없이 사랑하는 것은 처음부터 잘못된 일이다'라고 말했다. 그렇다. 사랑한다는 것은 그 사람을 생각하며 관심을 가지고 기도하는 것이다.

이스라엘 민족이 모세를 따라 이집트에서 400년 종살이를 끝내고 나오며 10가지 재앙을 견뎌냈듯이, 우리도 짧은 이민 역사 속에서 4.29 LA 폭동과 9.11 테러 등 수많은 역경을 겪어왔다. 이번 팬데믹으로 인해 많은 생명이 희생되고 경제적 어려움을 겪는 이웃들도 많다. 이러한 상황 속에서도 하나님께서 역사하시는 뜻과 계획을 깊이 묵상하며, 전화위복의 기회로 삼고 싶다. 축복받기 위해 태어난 존재임을 기억하며, "범사에 감사하라. 이것이 그리스도 예수 안에서 너희를 향하신 하나님의 뜻이니라."라는 말씀을 마음에 새긴다.

생일 축제

오늘은 우리 가족에게 특별한 날이다. 1년 중 가장 많은 생일이 몰려 있는 달, 바로 일월과 이월이다. 나는 여섯 명의 생일 선물을 품에 안고 한국음식점 '이가'의 문을 두드렸다. 약속 시간은 정오. 하지만 언제나 그렇듯 가족들은 조금씩 늦는다.

라구나비치에 사는 아들은 20분 늦는다고 문자를 보냈고, 첫째 딸도 15분 늦는다고 했다. 이유까지 덧붙였다. 손녀 리아를 농구 시합장에서 픽업해야 한다고 했다. 역시나 둘째 딸이 최고다. 약속을 어기는 법도 없고, 언제나 가장 먼저 답장을 보낸다. 초등학교 선생님이라는 직업답게 성실하고 신용점수도 가장 높다.

반면, 변호사로 일하는 첫째 딸은 시간을 맞추는 일이 드물다. '재판할 때도 늦니?'라고 물으니, '물론 아니죠'라는 대답이 돌아온다. 바쁘게 뛰어다니는 딸이 안쓰럽다. 사람들의 골치 아픈 일을 떠맡고 사는 딸, 애초 변호사는 여자가 하기 힘든 직업이 아닐까 싶은 생각이 들어 후회도 된다. 하지만 딸은 자신의 일을 자부심을 가지고 해낸다. 어쩌면 내가 괜한 걱정을 하는 것일지도 모르겠다.

12시 30분, 드디어 모두가 모였다. 세 살배기 손자는 차 안에서 잠들어 깨지 않아서 며느리와 함께 차에 남았다. 우리는 먼저 음식을 주문했다. 둘째 딸이 음식이 나오기도 전에 입안 가득히 맛있게 먹는 흉내를 내며 기대감을 드러낸다.

13살 손자는 갈비탕을, 아들은 살코기 설렁탕을 주문했다. 미국 며느리는 임연수 구이를 선택했고, 매운 갈비찜, 파전, 보쌈, 비빔밥, 굴밥은 내가 주문했다. 아들은 설렁탕 한 그릇을 깨끗이 비우고도 파전을 더 먹었고, 며느리는 빨간 깍두기 국물에 밥을 비벼 맛있게 먹었다. '너도 한국 사람이 다 됐네.' 나는 웃으며 말했다. 맵고 짜고 구수한 한국 음식이 이제는 며느리의 입맛에도 맞는 모양이다. 날씨도 추운 날이라 따뜻한 국물 요리가 제격이었다.

이윽고 선물을 주고받고, 생일 케이크를 자를 시간이 되었다. 이제 막 잠에서 깬 세 살배기 손자는 케이크를 보자 가장 기뻐했다. 알록달록한 긴 초를 꽂고, 먼저 불을 끌 기세다. 초가 하나씩 꺼질 때마다 환호성을 지르며 손뼉을 친다. 아이의 웃음소리가 식당 안에 가득 퍼졌다. '까르르, 하하하.' 옆 테이블에 앉아 있던 같은 교회 집사님도 그 모습을 보며 함께 웃는다. 그의 가족도 손자와 딸들과 함께 즐거운 식사를 하고 있었다.

우리 가족은 연말과 연초를 함께하며 매주 만났다. 하지만 오늘이 지나면 삼월이 되어야 다시 모일 수 있다. 나는 이 순간을 마음껏 즐기기로 했다. 오늘 모임의 가장 큰 수혜자는 바로 나와 남편이다. 가족들이 바쁜 시간을 쪼개 먼 길을 달려와 함께해 주니,

이보다 더한 행복이 있을까.

모든 식사가 끝난 후, 아들이 거금의 음식 값을 결제했다. 나는 아들의 등을 가만히 쓰다듬었다. 가족 모두는 감사의 박수를 보냈다. 집에 돌아온 후, 내가 준 선물을 본 아들이 문자를 보내왔다. '따뜻한 슬리퍼를 생일 선물로 주셔서 감사합니다.' 나는 답장을 보냈다. '그 신발로 따뜻한 겨울을 보내거라, 아들아.'

이렇게 또 한 해의 생일 축제가 지나간다. 가족들과 함께한 오늘의 시간이 오래도록 마음에 남아 기쁨이 되고 힘이 되길 기대해본다.

1961년 1월 19일

큰언니가 64년 전 오늘 결혼했다. 그날의 기억은 오랜 세월이 지났어도 생생하다. 나는 열두 살, 언니는 사범대학을 갓 졸업한 때였다. 엄마는 언니가 훌륭한 선생님이 될 거라 믿었지만, 뜻밖에도 언니는 결혼을 선언했다. 대학 시절부터 연애를 하고 있었는데, 부모님만 모르고 있었다.

아버지는 분노로 가위를 들어 언니의 머리를 홀랑 잘라버렸다. 그 일은 언니를 더욱 단단하게 만들었다. 아버지의 실망은 컸다. 첫딸에게 품은 기대가 컸던 탓이리라. 형부가 될 사람은 아버지의 정치부 비서였다. 가까이서 아버지 눈을 피해 연애를 했다는 사실에 배신감이 들었을 것이다. 믿었던 사람에게 등 뒤에서 칼을 맞은 기분이었으리라.

추운 겨울날 언니는 결혼식을 강행했다. 아버지는 가족들에게 결혼식에 참석하지 말라는 엄명을 내렸다. 우리 네 자매는 눈물로 각서까지 쓰며 언니의 결혼을 허락해 달라고 애걸했던 기억이 난다. 결혼 후에도 언니는 손녀를 낳고 몰래 친정을 찾았다가 아버지의 발소리를 듣곤 뒷문으로 달아나야 했다. 언니가 손녀를 데리고 와서 놀고 있었는데 아버지의 귀가 시간이 보통 때 보다 빨랐던 어느 날 아버지와 언니는 마주쳤다. 그날 손녀를 처음 만난 이후 아버지는 언니가 친정에 드나드는 걸 문제 삼지 않았다. "자식 이기는 부모 없다"는 말이 그때도 통했던 모양이다.

다행히 언니는 형부와 60년 넘게 해로하며 행복한 삶을 살았다. 형부가 두 해 전 92세로 세상을 떠날 때까지 그들은 늘 귀감이 되는 부부였다. 언니는 딸들 중 가장 팔자가 좋다는 소리를 들으며 살았다. 세상이 보는 기준으로도, 내 눈으로도 언니의 인생은 부러울 것이 없었다. 딸, 아들, 아들 순으로 자식을 두었고, 모두 건강하게 자라 각자의 자리에서 성공했다. 이제는 할머니가 된 언니는 증손며느리까지 볼 수 있었다. 증손며느리는 뉴욕에서 변호사로 일하며, 한국에 와서는 언니와 골프를 치며 즐거운 시간을 보냈다고 한다. 영국에 사는 외손자도 옥스퍼드대 미생물학 박사가 된 아내를 두고 있다. 나는 지난 8월 영국 크루즈여행 때 그들을 만날 수 있었다. 외손자 부부와 한 살배기 증손자까지 나와서 반갑게 만났다. 주렁주렁 달아놓은 차이나타운의 알록달록 연등 꽃 아래 길을 같이 걸었다. 영국 차이나타운에서의 풍성한 점심은 잊을 수 없는 추억이 되었다.

언니의 큰아들은 뉴욕에서 엔지니어로 일하며 딸 셋을 두었다. 아들을 바랐지만, 오히려 그 딸들이 모두 출중하게 자랐다. 첫째는 NYU 병원 내과 의사, 둘째는 변호사, 셋째는 줄리아드에서 첼로를 전공한 음악가다. 유투브에서 들은 언니 셋째 손녀의 첼로 연주는 금방이라도 천사기 내려 올 것 같은 착각을 불러 일으켰다.

작년 7월, 미국에서 열린 가족 재회에서 언니는 한국에서 건너와 3박 4일의 골프 여행을 주도했다. 여전히 당찬 기개를 지닌 노장이다. 내가 언니의 삶을 자랑해도 될 만큼 언니는 멋진 삶을 살아가고 있다. 그렇게 오랜 세월, 흔들림 없이 행복을 지켜온 언니의 모습은 여전히 내게 큰 울림으로 남는다.

서울에 아침이 오면 언니한테 카톡을 올려야겠다. 비록 형부는 안 계시지만 멋진 인생을 살아가는 언니를 응원한다고. 얼마 전에 80세 친구들과 일본에 가서 골프 치는 사진을 올렸다. 부디 건강하게 오래 사시라고 말이다.

보청기 (Hearing Aid)

히어링 에이드를 끼고 다닌 지 한 달이 되었다. 한국을 떠나기 전날 급히 받아 왔지만, 처음 사용하는 낯설음과 번거로움에 여행 때는 집에 두고 왔다. 미국에 돌아와서야 본격적으로 사용하기 시작했는데, 쓰나 마나 차이가 없다. 소리는 여전히 흐릿하게만 들리고, 대화는 늘 답답하기 그지없다.

며칠 전, 친구의 말이 귓가를 맴돈다.

"눈이 안 보이면 사람들이 측은해하며 도와주려고 하는데, 귀가 안 들리면 두 번만 다시 물어봐도 신경질을 내잖아. 결국 같이 놀려고 하지 않게 되고."

친구는 내게 되물었다.

"어쩌다 귀가 먹어서 그 고생을 하게 됐니?"

나는 대답할 말이 없었다. 정확한 원인을 모를 뿐 아니라, 애초에 원인 같은 것이 있었는지조차 의문이 들었다. 그저 나이 탓이라고들 하는데, 그렇다면 나보다 연세 많으신 분들 중에서도 청력이 선명한 분들은 대체 무엇 때문이란 말인가?

모임 자리도 더는 즐겁지 않다. 사람들이 다 같이 웃을 때, 나만 뒤늦게 무슨 말인지 다시 묻고 웃어보려니 타이밍이 어긋난다. 어색함이 감돌면 조용히 물러나고 싶어진다. 혼자만의 고요가 그리워질 때가 있다.

'오늘의 양식'에서 읽은 글이 문득 떠올랐다. 미네소타의 무반향실에 관한 이야기였다. 그곳은 세상의 모든 소리를 99.9% 차단하는 방으로, '지구상에서 가장 조용한 곳'이라 불린다. 하지만 아무도 그 안에서 45분을 버티지 못했다 한다. 조용함이 반드시 편안함은 아니라는 것이다. 나라면 10분도 채 견디지 못할 것 같다.

〈귀먹은 항아리〉라는 소설도 생각난다. 주인공은 어머니의 유품인 금 간 항아리로 쌀을 저장했다. 귀가 먹어 둔탁한 소리만 나는 항아리가 오히려 쌀벌레를 피하는 데 안성맞춤 이었던 것이다.

나도 저 귀먹은 항아리처럼, 때로는 묻고 또 물어야 할 때가 있겠지만, 그럼에도 필요한 사람이 되고 싶다. 인지력이 부족하다면 더 노력해서, 남에게 부담이 되지 않도록. 고요 속에서도 귀 기울일 줄 아는 사람으로.

세상은 시끄럽지만, 내 안의 침묵을 다스리는 법을 배워가고 있다.

우왕좌왕 탐정놀이

눈을 뜨고 있어도 코 베어 간다는 말이 옛말이 아니다. 사기를 당하고 나니 황당했다. 에어프라이어(Air Fryer) 하나를 사려다 혹독한 훈련을 치렀다.

십여 년 전, 한국을 방문했을 때 동창들과 만나 처음으로 에어프라이어에 대해 들었다. 닭튀김도 기름 한 방울 없이 바삭하게 튀겨진다는 친구의 자랑이 이어졌다. 그 친구는 동기들 사이에서도 부자로 소문난 사람이었다. 좋다는 건 알았지만, 비싸서 선뜻 살 수 없다는 친구들이 대부분이었다. 그런데 요즘 들어 주변에서 에어프라이어를 사용하는 사람이 부쩍 늘었다.

둘째 딸은 애용자다. 먹다 남은 음식도 에어프라이어에 넣으면 다시 바삭해져 새로 튀긴 것 같은 맛이 난다며, 필수 가전이라며 강력 추천했다. 하지만 칠순이 넘은 지금, 있는 전자제품도 정리할 때인데 새로운 제품을 사는 게 맞는지 고민됐다. 그렇게 욕망을 가라앉히고 있던 어느 날, 침대 앤드 배스(Bed & Bath) 상점에서 쿠폰이 도착했다. 에어프라이어를 50% 세일한다는 소식이었다.

쿠폰을 핸드백에 넣고 다니며 남편을 설득하기 시작했다. 그러나 설득이 쉽지 않아 결국 쿠폰 유효기간이 지나버렸다. 아쉬움에 인터넷을 뒤지던 중, 구글 광고에서 같은 제품을 83.99달러에 판다는 것을 발견했다. 회사는 'Ninja'였고, 2주 내 배달이 된다고 했다. 이번에는 놓치지 말아야겠다는 생각에 페이팔(PayPal)로 바로 결제했다.

하지만 2주가 지나도 물건이 오지 않았다. 의심이 들어 페이팔에 연락하니, 회사 웹사이트 고객센터에 문의하라는 답이 돌아왔다. 컴퓨터에 익숙하지 않은 내게는 너무 어려운 일이었지만, 자식들에게 도움을 청할 수도 없는 상황이었다. 첫째는 멀리 살고, 둘째는 너무 바빠 말만 꺼내도 신경질을 낼 것이 뻔했다. 결국 혼자서 웹사이트를 찾아다니며 문의를 남겼다.

얼마 후, 회사 측에서 답장이 왔다. "우리는 7월 1일 오후 4시에 이미 배달을 완료했다." 위치추적번호까지 첨부되어 있었다. 하지만 물건을 받은 기억이 없었다. 다음 날, 가까운 우체국을 찾았지만, 담당 업무가 아니라며 멀리 떨어진 중앙 우체국으로 가라는 안내를 받았다. 탐정 놀이가 본격적으로 시작되는 순간이었다.

중앙 우체국 맨 앞에서 일하는 직원에게 위치추적번호를 보여주자, 지친 듯 한 얼굴로 한숨을 쉬며 저쪽으로 가라고 손짓했다. 작은 방 안에서 피곤해 보이는 백인 할아버지가 나를 쳐다보았다. 그는 말없이 컴퓨터에 정보를 입력하더니, 배달은 되었지만 우리 집 주소가 아니라는 말을 반복했다. 우체국은 배달을 완료했으니 잘못이 없다는 것이다.

배달된 주소를 확인하고 GPS에 입력하니, 우리 집에서 5분 거리였다. 걱정과 두려움이 몰려왔지만, 직접 가보기로 했다. 차를 몰고 도착한 곳은 정원이 잘 정돈된 아름다운 집이었다. 초인종을 누르자 비단처럼 윤기 나는 보라색 염색 머리의 백인 할머니가 나왔다. 다행히 친절한 인상이었다.

내 이야기를 들은 할머니는 7월 1일 우편물을 받았고, 위치추적번호도 일치하지만, 받은 물건은 에어프라이어가 아닌 약이라고 했다. 그녀는 친절하게 종이 뒷면에 자신의 이름과 전화번호, 서명을 해주며 잘 찾기를 바란다고 했다.

그 종이를 들고 다시 우체국으로 향했다. 이번엔 우체국 감독까지 등장했다. 감독은 우편 사기 가능성이 높다며, 요즘 이런 사건이 빈번하다고 했다. 결국, 애써 추적한 결과가 사기라니.
에어프라이어로 바삭한 닭고기를 해 먹으려던 꿈은 접고, 해결책을 찾기로 했다. 다시 페이팔 웹사이트에 들어가 상황을 설명해야 했지만, 영어로 장문의 편지를 쓰는 일이 만만치 않았다. 마침, 프랑스 파리에서 선교사 겸 변호사로 활동하는 조카가 방문했다. 그녀는 상황을 듣고 완벽한 편지를 작성해 페이팔에 보내주었다. 하나님이 내게 보내주신 구세주 같았다.

그리고 2주 후, 페이팔에서 이메일이 왔다.
"사기 거래로 판명되어 환불 처리되었습니다." 순간 안도의 한숨이 나왔다. 돈보다도, 공정함이 무너진 듯한 느낌이 더 화가 났었는데, 다시 신뢰를 회복할 수 있어 다행이었다. 마침내 남편에게도 체면이 섰다.

세상은 여전히 살 만한 곳인가 보다. 그러나 다시는 이름 모를 인터넷 쇼핑몰에서 주문하는 일은 없을 것이다. 이 글을 읽는 여러분도 경각심을 가지길 바란다. 사소한 것이라도 꼼꼼히 확인하는 습관이 필요하다.

남편의 발이 생긴 날

오늘은 내 기록책에 굵게 남을 날이다. 드디어 테슬라를 샀다.

얼마 전까지만 해도 한국 신문에서는 중고차 값이 천정부지로 오른다는 소식이 연일 나왔다. 그때 둘째 딸이 우리 차를 팔 것을 권했다. "지금이 적기예요." 남편과 나는 늘 함께 다녔기에, 2016년식 렉서스는 차고에서 먼지만 쌓이곤 했다. 4년 된 차였지만 주행 거리는 고작 3만 마일. 남편은 내가 고개를 끄덕이기 무섭게 '카바나' 사이트에 차 정보를 입력했고, 예상 가격이 떴다.

다음 날, 한 멕시코 출신의 젊은 여성이 약속한 금액을 묻지도 않고 내놓았다. 차가 이렇게 쉽게 팔릴 줄이야. 세상은 참 편리해졌지만, 어딘지 모르게 서늘하기도 했다. 그렇게 차 없는 생활이 3년이나 이어졌다. 불편할 것 같았는데, 의외로 괜찮았다. 남편은 보험료와 연료비가 줄어든다고 흐뭇해했고, 나 역시 그런 대로 살아갈 수 있었다.

그러던 어느 날, 남편과 나는 동시에 각자의 볼일이 생겼다. 남편은 차를 타고 떠났고, 나에게는 "가까운 지인에게 부탁해라"는 말만 남겼다. 부탁하기 어려운 성격의 지인이라 한참을 망설이다가, 결국 전화를 걸었다. 예전에 내가 그녀를 태워준 적이 있어 용기가 났다. 그녀는 예상했던 것보다 쉽게 허락했다.

약속 시간이 훌쩍 지났을 때 전화를 걸었더니, "집이 생각보다 머네요"라며 신경질적인 목소리가 돌아왔다. 나는 얼어붙었다. 내 계산엔 10분 거리였는데, 그녀는 30분이나 늦게 나타났다. 그날 이후로 나는 다시 차를 사야겠다고 마음먹었다.

마침 아들이 테슬라를 선물하겠다고 했다. 어제 차가 도착했지만, 아직 익숙하지 않아 남편이 운전대를 잡는다. 처음엔 "아들에게 차 선물 받는 게 부담스럽다"던 그도, 어제부터는 어린아이처럼 들떠 있다. 남자들의 체면이란, 속으로는 기쁨이 가득한데도 꾸며대는 습성 같다. 막상 밥상이 차려지면 가장 먼저 앉는 법이니까.

이제 나에겐 다시 차가 생겼다. 테슬라의 무음 주행은 아직 낯설지만, 이 부드러운 가속감이 주는 자유로움에 마음이 설렌다. 오늘처럼 맑은 날엔 창밖으로 스치는 풍경을 보며, 작은 기계 하나가 가져다준 평범한 행복에 감사한다.

어느 미국 간호사의 삶의 발자국

1972년, 한국에서 이화여자대학교 간호학과를 졸업한 후, 수원에 있는 매향여자고등학교에서 1년간 간호 교사로 일했다. 이후 이화여자대학교 대학 보건소에서 1년을 근무한 뒤 1974년 5월 미국으로 떠났다. 김포공항에서 출발한 팬암 항공편은 하와이에서 급유한 후 최종 목적지인 샌프란시스코에 도착했고, 그곳에서 이민 절차를 밟은 후 국내선을 타고 로스앤젤레스 공항으로 향했다.

미혼이었던 나는 가디나에 사는 오빠의 집에서 3개월을 머물다가, 친구 두 명과 함께 로스앤젤레스에서 작은 아파트를 얻었다. 방도 없이 부엌과 화장실만 있는 공간이었지만, 우리는 새로운 삶을 시작했다. 한국에서 병동 경험이 전혀 없던 나는 힘든 간호사 생활을 시작하게 되었다. 아파트 근처에 위치한 템플 병원은 주로 노인 환자들을 돌보는 곳이었다. 당시 미국 간호사 면허가 없었던 나는 간호보조원으로 일하면서 매일 밤 10시 30분이면 병원으로 향했다. 병원은 필리핀 간호사들로 가득했고, 힘든 환자들은 대부분 내 몫이었다.

낮에는 간호협회에서 운영하는 시험 준비반에 다니며 공부했다. 무엇보다 영어가 가장 큰 난관이었다. 밤새 의식이 없는 환자의 기저귀를 갈아주는 것이 내 주된 업무였고, 모든 것이 낯설고 힘들었다. 특히 함께 일하던 사모아 출신의 파트너는 몸집이 크고 강한 인상을 풍겨 처음에는 무섭기까지 했다. 이런 나날이 반복되면서 몸과 마음이 모두 지쳐갔다.

그러던 어느 날, 내가 담당하던 할아버지 환자가 세상을 떠났다. 언제 돌아가셨는지 알 수 없었고, 갑작스러운 상황에 두려움이 밀려왔다. 생애 처음으로 죽음을 마주한 순간이었다. 정식 간호사를 불렀더니 걱정하지 말라며 환자의 몸을 깨끗이 닦고, 여기저기 솜으로 막으라고 했다. 처음 겪는 일이었지만, 시키는 대로 최선을 다해 처리했다. 그 환자는 이미 죽음을 예견한 상태였다고 했다. 시간이 흘렀지만, 그분의 임종을 지켜드리지 못한 것이 50년이 지난 지금까지도 마음에 걸린다.

그해 11월, 롱비치 컨벤션센터에서 시험을 보고 정식 간호사(RN) 자격을 취득했다. 이후 1975년부터 나는 두 곳의 병원에서만 근무했다. 첫 7년은 캘리포니아 의료그룹 외과 외래에서, 이후 30년은 캘리포니아 어바인 대학병원에서 일했다.

미국에서 간호사로 일하며 느낀 점은 한국과의 차이였다. 미국에서는 간호사가 의사와 동등한 건강관리팀의 일원으로 존중받았다. 한국에서는 의사의 지시에 따라야 하는 역할에 머물렀지만, 미국에서는 간호사도 독립적인 전문가로서 판단하고 실력을 발휘할 수 있었다.

2002년, 대학 졸업 30주년을 맞아 한국을 방문했다. 이화여대 총동창회에서는 메이데이 행사 준비로 분주했다. 동기들과 함께

전세버스를 타고 1박 2일 여행을 떠났다. 버스 안에서 몇몇 친구들은 자신들이 이화여대를 졸업했다고는 하지만, 간호대학 출신이라는 사실은 밝히지 않는다고 말했다. 한국 사회에서 간호사를 전문 직업인으로 인정하지 않는 분위기 때문이라고 했다.

그 이유는 병원 내에서 간호사와 의사의 역할 분담이 차별적이며, 사회적 인식 또한 이 차이를 뒷받침하기 때문이었다. 이는 봉건적인 남녀 차별 의식에서 비롯된 것이라고 친구들은 이야기했다. 사회 제도는 구성원의 가치관과 관념에 깊은 영향을 받는다는 사실을 다시금 깨닫게 되었다.

내가 근무했던 대학병원은 개인 병원과 달랐다. 병원의 원장부터 청소 용역 직원까지 모두가 주 정부의 월급을 받는 직원이었고, 동일한 혜택을 누릴 수 있었다. 의사가 실수로 잘못된 지시를 내리면 간호사와 상의하며 재확인하는 것이 당연했다. 이를 두고 의사가 간호사에게 무시당한다고 여기지 않았으며, 오히려 간호사의 전문성을 존중하는 문화가 정착되어 있었다.

돌아보면, 간호사로서 걸어온 길은 쉽지 않았다. 하지만 그 과정에서 얻은 경험과 배움이 있었기에 오늘의 내가 존재할 수 있었다. 무엇보다, 환자의 곁에서 그들의 마지막 순간을 함께하는 것이 간호사로서의 가장 중요한 사명임을 깨닫게 되었다.

금혼식

　50년을 한 남자랑 살아냈다. 축하받을 일인지는 모르겠다. 끈기 없고 가끔은 변덕을 부리면 주체 못하게 변해버리는 성격을 가진 나로서는 큰일을 해낸 것 같기도 하다.
　아이들이 SNS에서 자기들끼리 의논했다고 무얼 원하느냐고 물어왔다. 지난 49년의 결혼기념일마다 특별한 행사를 안 했으니깐 이번만은 엄마도 아빠한테 받을 자격이 있다고 애들은 말한다. 평소 로맨틱이라고는 모르는 남자와 결혼한 내가 잘못이지 불평해야 소용이 없다는 것을 알아차린 지 오래다. "아빠한테서 나올건 기대하지 못하니 너희들이 알아서 해줄 수 있니?" 되물었다.
　아이들은 행사에 드는 비용은 걱정하지 말고 식구와 가까운 친구들을 모아 파티를 하자고 했다. 주위에 50주년 기념식을 하는 친구들이 많지는 않았다. 대부분은 여행을 가거나 식구끼리 저녁식사만 하는 정도다. 유별난 친구 한 명은 자식들이 파티를 크게 해 준다고 자랑 아닌 자랑을 늘어놓는다. 오렌지 힐 식당에서 3만 불을 드려 결혼을 다시 하는 것같이 하얀 드레스에 턱시도를 빌려 입고한단다.

　나는 그렇게 번잡하게 하기는 싫고 가까운 북경에서 조촐하게 점심으로 하기로 했다. 친구들도 나이가 드니 저녁보다는 점심에

하기를 선호한다. 스테익보다는 부드럽고 입에 맞는 음식이 소화도 잘되고 평소 습관이 된 음식이 마음이 편하다고들 했다. 금혼식에 할 프로그램을 짜면서 엄마와 아빠의 연애 시절 얘기를 들려달라고 큰딸한테서 연락이 왔다. '폭싹 속았수다'라는 한국 드라마를 넷플릭스에서 보았다며 큰딸이 흥미에 가득 찬 목소리로 전화를 해왔다. "엄마도 영화 속에 나오는 애순이 같은 일생을 살았어요?" 하고 물어온다. "나야 그 시대를 미국서 살았으니 애순이 같이 한국에서 일어난 정치적 변화나 IMF 같은 배경은 없었지. 아빠는 그렇게 사랑을 뜨겁게 할 줄도 모르는 사람이고" 내 대답이 싱거웠나 보다. 딸은 이번 금혼식에 특별한 드라마라도 찍어보고 싶었나? 혼자 생각하면 웃었다. 그런 드라마 같은 인생은 없었지만 나도 작은 것 하나는 찍을만한 스토리는 있다고 전해주어야겠다.

내가 이민 오자마자 일주일 만에 한국으로 역이민 간 언니랑, 3개월 만에 한국 방문차 나간 오빠가 사고로 돌아가셨다는 소리를 들었을 때의 황당함. 그들을 믿고 미국이란 낯선 나라에서 언어도 익숙지 않아 반 귀머거리로 살아야 했을 때. 예상치 않은 임신 4주. 남편은 비자가 안 되어서 결혼한 지 2주 만에 미국에 혼자 돌아와 보니 허니문 베이비를 가졌다고 의사가 말했을 때 기뻐해야 할지 슬퍼해야 할지 몰랐다. 같이 기뻐해 줄 가족이나 친구도 없는데서 현실과 타협했던 외로움. 아기 태어나기 2달 전에 도착한 남편. 아기는 곧 태어난다는데 이민온다고 돈 200불 셔츠 앞주머니에서 꺼내는데 놀라서 헛웃음만 켰던 젊음. 남편과 살림 차린다고 새로 옮긴 125불짜리 아파트는 100년은 되었나 보다. 뜨거운 물도 전기도 가끔씩 안 나왔다. 주인이 전기세를 안 내서 그랬단다. 알바로 남편이 리쿼스토아에서 밤에 일하였는데 강도가 많아서 집에 오기 전까지는 아기 데리고 밤새 걱정했던 수없는 나날들. 앞날이 안 보이던 남편은 컴퓨터 공부를 시작한다고 등록해 놓고 얼마 안 되어 대한항공에 일자리 잡고 공부를 못 끝냈는데도 학비를 내야 해서 속상했던 일. 나의 숨겨놓은 기억의 창고에서 하나씩 가물거리며 나온다. 딸 두 명 낳고 아들을 낳았을 때 기뻐했던 날. 나도 어쩔 수 없는 아들 선호 엄마인가 보다. 아들도 딸도 사람 나름인 것을. 교회 열심히 다니며 아이들을 길렀다. 내가 부족한 면은 하나님이 채워 주실 것을 믿었다. 건강하게 잘 자라준 것에 감사하고 이제껏 자기 앞가림하는 사람으로 자라게 해 주어서 또 감사하다. 남편이 죽을 챈스가 50%라고 했던 병도 20년이 지났다. 5년이란 시간을 불안한 세월 속에서 지냈지만 그 일로 하나님께 더 가까이 갈 수 있었다. 남은 인생도 하나님께 맡기며 살기를 기도한다.

제4부

4월의 아픔을 넘어서

그들만의 추억 쌓기

큰딸이 문자를 보내왔다. 친구 셋과 함께 우리 집에서 1박 2일을 하겠다는 것이다. 대학을 졸업한 지 22년이 지났건만, 해마다 하이얏트 호텔에 모여 해변을 거닐던 그들이다. 이번엔 코로나로 호텔이 문을 닫아 어쩔 수 없이 엄마 집을 택했다는 투로 말한다. 엄마집을 호텔급으로 격상시켜주니 오히려 내가 고맙다는 인사를 해야 할 판이다.

그날 아침, 스텔라가 가장 먼저 도착했다. 발렌시아에서 두 시간 반을 달려왔단다. 초등학교 선생님인 그녀는 네 아이를 둔 엄마가 되었지만 여전히 가냘픈 체구에 조그만 얼굴이 어울리는 여인이었다. "멀리 사는 사람이 일찍 오는 법이지." 우리는 옛날을 떠올리며 웃었다. 친구 중 유일하게 부모님을 여의었다는 그녀의 말에 가슴이 먹먹해졌다.

아이린과 내 딸 케롤은 함께 왔다. 아이린 역시 네 아이를 둔 목사 부인이 되어 있었다. 대학 시절부터 의젓한 성품으로 딸의 든든한 버팀목이 되어주던 친구다. 마지막으로 스잔이 플러튼에서 왔다. 모두 모였다. 네 사람은 어느덧 중년의 풍요로움을 풍기는 성숙한 여인들이 되어 있었다. "한국 같으면 다산상 받을 뻔했

네." 내 농담에 그들은 폭소를 터뜨렸다. 웃음소리가 집안을 가득 채웠다.

그들은 짐을 내려놓자마자 네일살롱으로 향했다. 마치 처녀 시절로 돌아간 듯 아이들과 남편을 잠시 잊은 채 자신들만의 시간을 즐겼다. 모란각에서 저녁을 먹고 새벽 두 시까지 수다를 떨었다. 다음날 아침엔 일찍 일어나 바다를 거닐었다. 그들의 웃음소리는 뉴포트 비치 스파에서도 끊이지 않았다. '레드 오' 레스토랑의 시끄러운 분위기 속에서도 서로의 눈빛만으로 통하는 오랜 친구였다.

그들을 보니 내 젊은 시절이 떠올랐다. 세 아이를 키우며 하루하루를 버텨내던 때, 대학 시절 친구 W와 J가 그리울 때면 눈물을 삼키곤 했었다. 독일과 스위스로 흩어진 그들을 40년 만에 만났을 때 우리는 밤새워 이야기를 나누다 이별의 아쉬움에 울음을 터뜨렸다.

요즘 젊은이들은 다르다. 가정과 우정 사이에서 균형을 잡으며 자신만의 시간도 만든다. 오늘 내 집을 찾은 네 여인의 눈빛에는 변치 않는 우정이 살아있었다. 그들의 웃음소리가 오래도록 바람처럼 상쾌하게 이어지길 진심으로 응원하며 집안에 남아도는 젊음의 기운을 오래 간직하고 싶다.

간호사의 변

올해로 이민 생활 50년을 맞이했다. 1965년 본격적인 한인 미주 이민이 시작되었지만, 새 이민법이 발효된 1967년 7월부터 본격적인 이민의 물결이 일었다. 이민사 제3기에 접어들면서 미국 병원들은 간호사 인력 부족에 시달렸고, 이는 많은 간호사들이 취업 이민의 길을 선택하는 계기가 되었다. 나 역시 그 대열에 합류해 1974년 5월, 미국 땅을 밟았다.

간호사는 단순한 직업이 아니다. 생계를 유지하기 위한 수단으로만 여길 수 없는, 인간의 삶과 죽음 사이에서 환자와 그 가족을 돌보는 고귀한 직업이다. 환자의 육체적, 정신적 건강을 케어 하는 것은 물론, 그들의 가족과도 소통하며 위로와 지지를 제공하는 일이다.

간호사는 자신을 드러내지 않고, 남을 위해 희생하는 직업이다. 나이팅게일 정신을 바탕으로, 남을 사랑할 수 있는 넓은 마음을 가져야 하며, 인격을 다지고 참을성을 키워야 한다. 나는 그런 마음가짐으로 간호사로서의 삶을 시작했다.

이민 초기, 나는 귀머거리나 벙어리가 된 기분이었다. 전화가 울리면 환자 방으로 도망치곤 했다. 언어가 통하지 않으니 모든 것이 두려웠다. 내가 가진 지식과 실전 경험은 영어라는 단어 앞에서 무력하게 느껴졌다. 하지만 시간이 흐르면서, 나는 조금씩 적응해갔다. 수십 년의 경험을 통해 희생의 의미를 배웠고, 자신의 권리를 찾는 법도 터득했다. 간호사로서의 일이 자랑스러웠고, 환자와 그들의 가족을 돕는 일이 행복했다. 언어의 장벽을 넘어, 한 인격체로 환자와 소통하며 지낸 세월이었다.

그러나 간호사로서의 삶이 항상 존중받는 것은 아니었다. 2011년 어느 가을날, 피곤한 몸을 이끌고 집에 돌아와 한국 드라마를 보고 있었다. 이민 1세대에게 한국 드라마는 일상에서 오는 스트레스를 풀 수 있는 유일한 취미이자 위로였다. 그날 본 드라마는 간호사가 재벌 집 아들과 사랑에 빠지지만, 가난한 집안 출신이라는 이유로 결혼을 반대 받는 내용이었다. 그런 소재를 보며 나는 속이 상했다. 이후로도 여러 드라마와 영화에서 간호사는 늘 가난하고, 사랑하는 사람과의 결혼을 이루지 못하는 비극적인 인물로 그려졌다. 그때마다 나는 그 드라마를 쓴 작가들의 마음을 알고 싶어졌다. 과연 그들은 간호사가 어떤 일을 하는지, 얼마나 고귀한 직업인지 알고서 그런 대본을 쓴 것인지. 또, 간호사를 대표하는 간호협회 같은 단체는 왜 이런 드라마에 대해 아무런 대응도 하지 않는지 이해할 수 없었다.

미국에서는 그런 드라마를 본 적이 없다. 간호사는 전문직으로 존중받고, 그들의 업적과 희생은 사회적으로 인정받는다. 직업에 귀천이 없다는 말이 있지만, 유독 한국에서는 간호사만이 왜 이런 대우를 받는지 이해할 수 없었다. 아무리 삼류 드라마라도, 더 이상 간호사를 가난하고 비극적인 인물로 그리는 것은 중단되어야 한다. 간호사는 사회의 중요한 구성원이며, 그들의 희생과 노력은 존중받아 마땅하다.

우리 간호사들이 목소리를 합쳐 사회에 영향력을 발휘할 때, 비로소 우리는 진정한 힘을 가진 단체가 될 것이다. 간호사는 단순히 병원에서 일하는 사람이 아니라, 인간의 삶과 죽음을 마주하며 그 사이에서 희생과 사랑을 실천하는 사람들이다. 그들의 노력과 헌신이 더 이상 드라마 속에서 왜곡되어서는 안 된다.

이민 50년, 나는 간호사로서의 삶을 후회하지 않는다. 비록 힘들고 외로운 순간도 많았지만, 환자와 그들의 가족을 위해 헌신한 시간들은 나에게 큰 보람을 주었다. 이제 나는 우리 간호사들이 드라마 속에서 뿐만이 아니라 현실에서도 진정한 모습으로 존중받는 사회를 꿈꾼다. 그날을 위해, 우리는 계속해서 목소리를 내고, 우리의 가치를 알려나가야 한다.

간호사는 생명의 불꽃 앞에서 환자가 행복하게 일상으로 돌아갈 수 있도록 최선을 다하는 사람이다. 이 최선의 돌봄 속에서 우리는 비로소 자신을 발견하고, 타인을 이해하며, 세상을 바라보는 눈을 키운다. 미국에서 간호사로서의 삶은 나에게 그런 깊이를 선사했다.

독일에 사는 친구

    북구라파를 2주간 여행한 후, 마지막 일정으로 그룹 투어에서 빠져나와 독일에 사는 친구 Y를 만나러 갔다. 42년 전, 우리는 대학을 졸업하고 Y는 독일로, 나는 미국으로 각각 이민을 떠났다. 각자의 삶에 바빠서 오랜 기간 연락을 주고받지 못했지만, 약 10년 전 서울의 동창을 통해 다시 연락이 닿았고, 2년 전 Y가 나를 찾아와 잠시 머물다 갔다.
    당시 겨우 2박 3일이라는 짧은 만남에 아쉬움이 컸지만, 작년에 한국에서 다시 만날 기회가 생겼고, 그러는 사이에 독일인 남편 G와 우리 남편도 친분을 쌓았다. 이번 여행으로 우리는 세 번째 만남을 가지게 되었다.

    대학교 시절부터 독일어에 능숙했던 Y는 이제 독일인과 다름없이 자연스럽게 대화하는 모습을 보이며 완전히 독일 사회에 동화된 듯했다. 독일 그 지역에서 유일한 동양인으로 살아가는 그녀는 외형뿐만 아니라 내면까지 독일인의 삶을 살아가고 있었다. 분명한 태도, 철저한 원칙, 그리고 꽃을 사랑하여 자신의 정원을 가꾸는 모습에서 그녀의 성향이 보였다. 그녀는 작은 체구에도 불구하고 매일 아침저녁으로 직접 물을 주며 부지런함을 보여주었다.
    Y는 상추, 오이, 토마토, 케일 등 다양한 유기농 작물을 직접

키우며 건강한 삶을 실천하고 있었다. 그녀가 거주하는 곳은 함부르크에서 한 시간 정도 떨어진 '빈진'이라는 지역으로, 겨울이 6개월 이상 지속되는 북유럽의 한적한 마을이었다. Y는 3년간의 학업 끝에 한의사가 되었고, 자신의 집에 마련한 의료실에서 환자들을 진료하고 있었다. 미국과 달리 가정 내에서 의료행위를 할 수 있는 점이 인상적이었다.

Y가 사는 곳은 끝없이 펼쳐진 밀밭과 바람에 휘날리는 보리밭으로 가득 찬 아름다운 풍경을 자랑했다. 밀밭과 숲이 번갈아 이어지는 이곳에서 Y는 13년 동안 매주 월, 수, 금 1시간 반씩 동네 사람들과 함께 걷는 습관을 이어오고 있었다. 비가 오나 눈이 오나 꾸준히 이어진 그들의 규칙적인 삶은 미국의 국립공원을 걷는 듯한 기분을 선사했다. 남편은 내가 잘 걷는 모습을 보며 "다리 아프다더니 잘도 걷네"라며 놀라워했다.

독일 사람들은 근면하고 성실했으며, 무엇보다도 경제적인 면에서 철저한 원칙을 지키고 있었다. 외식을 하면서도 언제나 비용을 반씩 부담하는 '더치페이' 문화를 고집했다. 이민 온 우리 세대는 아직 한국식 사고방식에서 벗어나지 못하고 있는 듯했다. 그들은 세금의 절반을 납부하면서도 정부가 자신의 노후를 보장해주기에 기꺼이 낸다고 했다. 이는 어떻게든 세금을 줄이고 혜택만을 바라려는 미국 이민자들의 태도와는 대조적이었다.

며칠 전, Y와 함께 언니가 운영하는 음식점을 찾았다. 바쁜 식당 안에서 직원들이 분주하게 일하고 있었고, 주방장까지 직접 나와 서빙을 돕고 있었다. 고기를 주문할 때 된장찌개와 계란찜

중 하나를 선택해야 했는데, 나는 언니가 주인이라는 이유로 두 가지를 반씩 나눠달라고 요청했다. 그러나 주방장은 원칙을 지키며 단호하게 거절했다. 순간 당황스러웠지만, 직원 교육이 철저하다는 생각이 들면서도 한국적 정서에 익숙한 나로서는 아쉬움이 남았다.

  독일의 원칙주의와 정직함을 보며, 우리 사회의 타협과 유연함이 사고로 이어질 수 있음을 깨달았다. 세월호 참사가 떠오르며, 나 또한 한국적 사고방식을 버리지 못한 채 살아가고 있다는 자각이 들었다. "내가 하면 로맨스, 남이 하면 불륜"이라는 말이 떠오르며, 스스로를 되돌아보게 되었다.

  독일 사람들은 정직하고 뒷거래를 모른다고 한다. 그런 삶의 태도가 그들을 행복하게 만든다고 했다. 단순한 진리지만 실천하기 어려운 것이 현실이다. 교육의 힘이 얼마나 중요한지 다시금 생각하게 되었다. 나이를 먹었지만, 나도 나의 사고방식을 변화시키고, 원칙에 맞는 삶을 실천하며 새로운 나로 거듭나야겠다고 다짐했다.

오빠의 길, 나의 길

아침 해무가 걷히면 더위가 찾아든다. 헌팅턴비치는 피서객으로 들끓는다. 그 사이에서 뒤서거니 앞서거니 하면 걷는데 뒷모습이 오빠 J를 닮은 듯한 사람이 내 눈길을 사로잡았다.

손자손녀 일곱은 화덕 앞에서 마시멜로를 구워 먹으며 환하게 웃고 있다. 나도 화덕 주위에 옹기종기 모여 앉아 연기를 맡고 있자니, 그 속에서 잊고 있던 오빠의 모습이 떠오른다.

내가 미국에 온 지 얼마 되지 않은 어느 여름밤, 가디나에 살고 있던 오빠와 함께 멀리 떨어진 헌팅턴비치로 피서를 갔다. 그가 다니던 교회 친구들과 캠프파이어 화덕 앞에서 나도 같이 노래를 불렀다. 오빠와의 첫 나들이였던 그날이, 내게 따듯한 그리움으로 떠오른다.

어린 시절, 커다란 가방을 질질 끌고 다니는 나를 안쓰럽게 여긴 오빠는 늘 내 책가방을 들어 주었다. 비가 오나 눈이 오나 나를 업고 물웅덩이나 젖은 길을 건너주었다. 여동생이 셋이나 있었지만, 유독 나를 챙겨주던 오빠가 자랑스러웠고 따뜻했다.

오빠와 나는 같은 방향의 학교에 다녔다. 오빠가 고등학교 3학년이던 해, 나는 중학교 1학년에 입학했다. 그는 늘 버스에서도 자리를 양보해주며 보호해 주었다. 키 175cm의 반듯한 코와 도톰한 입술, 깨끗한 피부를 가진 그는 내가 보기에도 미남 청년이었다.

1964년, 오빠가 고등학교를 졸업하고 유학을 떠나던 날이다. 나는 방과 후 여러 번 버스를 갈아타며 김포공항에 도착했지만, 그는 이미 항공기 트랩에서 손을 흔들고 있었다. 잡았던 손을 놓친 것처럼 허망했다. 매일 오빠를 볼 수 없다는 생각에 어린 마음이 무너져 눈물이 하염없이 흘렀다.

오빠의 소식은 아버지에게 오는 편지로 간간이 전해 들었다. 부모님은 오빠에게 큰 기대를 걸었고, 그 역시 마치 과거 급제를 하거나 암행어사가 되어 돌아와야 할 것 같은 부담을 안고 있었던 것 같다.

오빠는 시카고에서 첫 유학생활을 시작했다. 영어도 서툴고, 가진 돈도 넉넉지 않았는데 그가 얼마나 고생했을지 이제야 짐작이 간다. 눈 내리는 날, 화려한 크리스마스트리 아래에서 찍은 사진을 보내왔지만, 사진 속 모습과 달리 현실은 녹록지 않았다. 낮에는 공부하고, 밤에는 식당에서 설거지를 하며 생계를 이어갔다. 영주권도 없는 유학생이 할 수 있는 일이 많지 않았을 것이다. 그래서였을까, 그는 미국 생활 중 음식점에 가면 팁을 남들보다 많이 주었다고 했다.

오빠는 열심히 공부해 학부를 마치고, 네브래스카주 오마하에 있는 크레이튼 약학대학을 졸업했다. 이후 한국인이 많은 남가주로 이주해 약사 면허를 취득했고, 마침내 10년 만에 영주권을 받았다. 오빠는 미국에서 태어난 한국인 3세와 결혼했지만, 한국의 우리 가족 중 누구도 결혼식에 참석하지 못했다. 1973년, 아버지가 선거 유세 중 갑작스러운 심장마비로 돌아가셨기 때문이었다.

이듬해, 오빠는 그리던 한국 땅을 다시 밟았다. 아버지를 잃은 슬픔은 컸지만, 오랜만에 가족이 모인 기쁨도 있었다. 우리는 3박 4일 동안 제주도로 여행을 다녀왔다. 마침 나의 미국 이민 수속이 완료되었다. 오빠와 새언니는 나에게 함께 미국으로 가자고 권했다.

미국은 간호사 부족 문제로 해외 간호사 이민을 장려하고 있다며 미국에서 간호사가 되기를 권유했다. 그의 말대로 나는 E여대 간호학과를 졸업하고 대학 보건소에서 근무하며 신입생들의 신체검사를 맡고 있었다. 일도 즐거웠고, 수입도 좋았으며, 결혼 이야기도 오갔던 내 인생에서 가장 좋은 시기였다. 그러나 미국은 한번쯤 꼭 가보고 싶은 곳이었다.

1974년 5월 25일, 나는 오빠를 따라 미국행 비행기에 올랐다. 작은 가방에 간단한 옷가지와 생필품, 간호사 시험 교과서 몇 권만 챙긴 채였다.

홀로 남을 어머니를 두고 떠나는 일은 쉽지 않았다. 떠나기 전날, 어머니는 "힘들면 언제든 돌아오라"고 말씀하셨고, 나는 그러겠노라고 약속했다. 몇 차례 미국을 방문했던 어머니는 미국 생활의 어려움을 알고 계셨다. 그러나 엘에이에 둘째 언니와 오빠 가족이 있어, 그나마 안심이 된다며 허락해 주셨다. 그러나 내가 미국에 온 지 불과 1주일 만에 둘째 언니가 한국에서 직장 제의를 받아 역이민을 떠났다.

내가 이민 온지 6개월만인 그해 11월, 청천벽력 같은 소식이 한국에서 전해졌다.

오빠가 한국에서 의과대학 학사 편입을 허락받아 귀국했다가 모든 수속을 마치고 미국으로 다시 돌아오는 출국을 이틀 앞두고 친구들이 불러 대왕코너에서 만났단다. 그곳에 화재가 발생한 것이었다. 화재 중에도 입장료를 받기 위해 문을 열어주지 않아, 안에 있던 젊은이들이 모두 질식사했다.

믿을 수 없는 소식이었다. 나는 기절할 만큼 충격적이었다.

서른 살, 이제 막 의사로서의 꿈을 펼치려 했던 오빠는 그렇게 허망하게 떠났다. 스물아홉에 남편을 잃은 새언니의 심정은 어땠을까. 오빠와 함께 있던 친구들도 마찬가지였다. 어떤 이는 이제 막 결혼해 어린 딸이 있었고, 어떤 이는 인턴으로 의사의 길을 걷고 있었다. 그나마 함께 떠난 친구들이 있어 하늘나라에서 덜 외로웠기를 바랄 뿐이었다. 그해 11월은 내 인생에서 가장 힘든 달이었다.

의지하던 오빠도, 언니도 없이 시작한 이민 생활이 어느덧 50년이 흘렀다. 낯선 문화 속에서 황무지를 개척하듯 버텨온 세월이었다. 그러나 힘들 때나 기쁠 때나, 내 마음속에는 늘 오빠가 있었다.

저녁노을이 평온한 바다를 붉게 물들이고 있다. 화덕 위에 피어오르는 연기냄새를 맡으니 오빠와의 추억이 나를 따뜻하게 감싸준다.

진주 목걸이

 서둘러 샤워를 마치고 허둥지둥 옷을 갈아입었다. 상복에 어울릴 차림이 마땅치 않아 검은색 바지와 블라우스를 입고, 얼마 전 세일가로 구매한 검정 스웨터를 걸쳤다. 세일 가격의 1/3에 구입한 것이라 더욱 애착이 가는 옷이었다. 예식 복장이 너무 단출한 것 같아 다이아몬드 귀걸이와 진주 목걸이를 더했다.
 남편은 이미 차를 대기해두고 나를 기다리고 있었다. 그는 언제나 내가 늦어도 재촉하지 않는다. 그저 묵묵히 기다릴 뿐이다. 그런 그의 태도는 오랜 세월 동안 나를 편안하게 해 주었고, 나는 늘 감사한 마음을 품고 있었다.
 오늘은 가까운 이웃 어른 한 분의 장례식이 있는 날이었다. 고인은 90세까지 건강을 잘 유지하며 자존심 강하게 살아오신 분이었다. 이따금 우리 집에 들러 세상 이야기나 신앙 이야기를 나누던 분이었기에, 그분의 부고 소식은 마음을 더욱 숙연하게 만들었다. 그런데 나는 아침부터 너무 느긋하게 개인 일정을 챙기느라 출발이 늦어져 버렸다.
 사실 그날은 일주일 전부터 시작한 라인댄스 교습이 있는 날이었다. 고등학교 후배의 권유로 시작한 운동인데, 젊고 활기찬 사람들과 어울리다 보니 나 또한 새로운 에너지를 얻는 기분이었다. 즐겁게 땀을 흘리고 나니 시간이 빠듯했다. 서둘러 준비하다 보니, 장례식장에 도착해서야 조금 더 신중하게 준비할 걸 하는 후회가 밀려왔다.

쌀쌀한 가을 날씨 때문인지 장례식장은 더욱 스산하고 엄숙한 분위기였다. 손자의 조사를 들으며 나도 모르게 눈물이 났다. 문득 95세의 어머니가 떠올랐다. 그리운 마음에 목에 걸린 진주 목걸이를 만지려 했는데, 그 순간 손끝이 허전했다. 목걸이가 사라져 있었다.

가슴이 철렁 내려앉았다. 이 목걸이는 지난해 한국을 방문했을 때 어머니께서 오래 간직하던 보석 중 특별히 나에게 물려주신 것이었다. 소중한 유품을 잃어버렸다는 생각에 온몸이 얼어붙었다.

순간 모파상의 단편 소설 목걸이가 떠올랐다. 친구에게 빌린 다이아몬드 목걸이를 잃어버리고, 같은 것을 사서 갚느라 인생을 허비했던 마틸드 부인의 이야기. 그 밤, 그녀의 남편이 밤새 아내가 다녔던 길을 샅샅이 뒤졌던 것처럼, 나도 내가 지나온 곳을 하나하나 되짚어 보기 시작했다.

교회 주차장, 장례식장 안, 그리고 교회 버스까지. 내가 머물렀던 자리마다 꼼꼼히 살펴보았지만, 진주 목걸이는 어디에도 없었다. 마음이 조급해졌다. 진작 여유를 가지고 옷을 입을 걸, 목걸이를 단단히 걸었는지 확인할 걸, 엄마가 아시면 얼마나 섭섭해하실까? 오래도록 소중히 간직하셨을 텐데….

그날 밤, 나는 깊은 후회 속에서 잠을 이루지 못했다. 때로는 사소한 실수가 우리에게 깊은 깨달음을 안겨준다. 잃어버린 목걸이를 떠올리며, 어머니의 손길과 그 따뜻한 사랑을 다시금 가슴에 새겼다.

기도의 강물

어디선가 글렌 캠벨의 노래가 흘러나온다. "Time, oh, time, where did you go? Time, oh, good, good time, where did you go?"

나는 지금 손자 오웬의 축구 시합을 보러 왔다. 오웬은 올해 다섯 살, 둘째 딸 에리카의 첫째 아들이다. 노란 머리, 갈색 머리, 검은 머리 아이들이 옹기종기 모인 운동장에서 그의 키가 가장 크다. 미국에서는 크기만 해도 반은 성공한 셈이다.

예전에 막내아들 브라이언을 다섯 살부터 열두 살까지 야구 시합장에 데려갔던 기억이 떠오른다. 운동신경이 괜찮아 올스타 캐처로 뽑혀 열심히 뛰었지만, 여름방학이 끝날 때마다 금발 아이들은 어김없이 한 머리씩 더 커져 있었다. 아들은 점점 뒤처졌고, 중학교에 들어서는 결국 야구를 그만두고 말았다.

오웬은 달랐다. 그는 다른 아이들보다 앞서 달렸고, 드리블도 제법 잘했다. 물론 골대 앞에서 키 큰 상대에게 공을 빼앗기기도 했지만, 관중석의 부모들을 흥분의 도가니로 빠뜨리기에는 충분했다.

"제이슨, 공을 차! 아담, 수비! 아, 놓쳤네!"

아버지들의 높아진 목소리와 실망한 탄성이 뒤섞였다. 마치 월드컵 결승전 같은 열기였다.

운동이든 인생이든 잘 풀릴 때도 있고 아닐 때도 있다. 매번 이기기만 한다면 무슨 재미가 있겠는가. 실력이 비슷해야 비로소 다섯 살짜리 경기도 신나고 즐거운 법이다.

에리카는 두 살 반 된 둘째 아들과 일곱 개월 된 딸을 끼고 맨 앞줄에서 열심히 응원했다. 나도 서른 해 전 딱 그 자리에 앉아 있었는데, 이제 그녀가 내 자리를 이어받았다. 우리가 살던 집을 에리카에게 팔았으니 오웬은 지금 자기 엄마가 다녔던 초등학교에 다닌다. 갑자기 그 집에서의 기억들이 주마등처럼 스쳐 지나간다.

친정 부모도, 시부모도, 친척도 없는 이국땅에서 홀로 세 아이를 키웠다. 아기를 돌볼 사람이 없어 업고 일하러 가던 날들, 계획 밖의 막내아들이 태어났을 때의 기쁨, 딸들과는 달리 벌레를 잡아 병에 가둬 두고 관찰하던 아들의 호기심, 큰딸이 학교 게시판에 '올해의 학생'으로 이름이 오를 때의 자랑스러움⋯⋯.

대학에서 단기 선교를 마치고 돌아온 큰딸이 남자친구를 사귀었다고 고백하던 날, 그들이 결혼하고 나를 할머니로 만들어 주던 순간들. "그 좋았던 시절은 다 어디로 갔을까?" 아이들을 키우고 보니 어느덧 세월은 저만큼 흘러버렸다.

오늘 오웬은 혼자 네 골을 넣었다. 그가 열여덟 살이 되어 축구로 성공할 때면 나는 여든 살이 되어 있을 테다. 앞으로의 이십 년은 또 어떤 추억을 품고 있을까?

땀에 젖어 얼굴이 빨갛게 달아오른 오웬이 뛰어왔다.

"할아버지, 할머니 더운데 와서 응원해 줘서 고마워요."

나는 이 순간을 온전히 즐기기로 했다. 지난 삼십 년의 추억도 한때는 이런 순간들의 연속이었으니. 경기가 끝나자 부모들은 터널을 만들었다. 아이들은 그 아래를 지나며 상기된 얼굴로 스낵가방을 받아 쥐었다. 차가운 음료와 짭짤한 팝콘이 들어있었다. 그들의 웃음소리가 가득한 운동장을 바라보며 문득 생각이 밀려왔다.

나의 인생도 이렇게 흘러왔구나.
지금의 나는 수많은 기억들이 층층이 쌓여 이루어진 결실이다. 감사함이 밀려온다.
대를 이어 흐르는 기도의 강물은 쉼 없이 흘러, 하늘에 닿기를 바랄 뿐이다.

옥이의 소원

내가 옥을 처음 만난 것은 교회 건강박람회에서였다. 우리 교회는 봄과 가을마다 건강박람회를 열었고, 몇 명의 간호사들이 혈액 검사, 혈당, 혈압 측정 등을 했다. 그 당시 대학병원에서 수련하던 의사들이 기꺼이 환자 상담을 자청했다. 그중에서 옥의 혈액검사 결과가 매우 비정상적이었다. 하루라도 빨리 혈액암 전문의를 만나야 한다고 조언했다. 하지만 옥은 자신의 병이 얼마나 심각한지조차 알지 못했다. 밝은 미소를 지으며 천진난만한 표정을 짓고 있는 그녀를 도와야겠다는 마음이 들었다.

얼마 전 내가 일하는 병동에서 한 달 동안 수련했던 티모시가 혈액암 전문의가 되었다는 소식을 듣고 그를 떠올렸다. 그는 센 조제프 병원에서 진료를 시작했다고 했다. 시간을 지체할 수 없어서 서둘러 찾았다. 즉시 부탁을 드렸다. 환자 하나를 무료로 진료해 줄 수 있는지 물어보니 그는 흔쾌히 허락했다. 혈액 검사비만은 환자가 부담해야 한다고 했다. "히포크라테스 선서를 실천해야죠"라며 의사로서의 사명을 다하겠다고 말했다. 나중에 알게 된 사실이지만, 티모시는 목사님의 아들이었다. 그의 따뜻한 마음 덕분에 옥은 살 수 있었다.

그녀는 남편과 함께 교회 근처에서 작은 햄버거 가게를 운영했다. 가게에는 동네 중고등학생들이 자주 오곤 했는데, 아이들은 테이블 위에 올라가 음식을 던지거나 싸우며 장난을 쳤다. 매일 바쁜 일과 속에서 점점 건강이 나빠졌다. 잇몸에서 출혈이 심해져 많은 치아를 잃었고, 몸에 피멍이 자주 들었다. 옥의 남편은 혼자 장사하는 것을 싫어했다. 나는 그들의 집을 방문해 그녀의 병에 관해 설명하며 치료를 권했다. 당시 나의 남편도 대장암 투병 중이었지만, 옥을 돕기 위해 병원에 함께 다녔고 힘을 모아 암의 무서움을 알려주며 치료에 도움을 주고자 했다.

다행히도 그녀의 혈액암은 약을 평생 먹으면 생명에는 지장이 없다고 했다. 그러나 약값이 너무 비싸, 한 달에 5천 불이 넘는 가격은 큰 부담이 되었다. 나는 제약 회사에 직접 문의해 지원받을 수 있는 방법을 찾아냈다. 사회적인 봉사 활동을 하는 약 회사에게는 주정부에서 세금 혜택을 해주었다. 덕분에 약을 그녀의 집까지 무료로 배달했다. 약을 복용한 후 건강은 조금씩 나아졌다. 피멍과 잇몸 출혈이 줄어들었고, 얼굴에 웃음이 되돌아왔다.

하지만 햄버거 가게는 어려워졌고, 건물주가 계약을 연장하지 않겠다고 선언하면서 결국 문을 닫게 되었다. 그 후, 옥의 딸이 결혼하고 손녀를 낳았다. 손녀를 돌보며 살아가다가 국가에서 제공하는 의료보험을 통해 다시금 새로운 삶을 시작했다.

어느 날, 옥은 크루즈 여행을 가고 싶다고 했다. 우리는 멕시코로 떠날 여행을 1년 전에 예약했고, 여행 가기 2주 전 그녀의 남편이 장염에 걸려 병원에 입원하니 여행이 취소될 지경에 이르렀다. 합력하여 선을 이루시는 높은곳에 계시는 분 덕에 빠르게 치료받을 수 있었고 여행은 무사히 진행 되었다. 옥과 그녀의 남편은 배에 오르자마자 소풍 가는 아이들처럼 들떠 보였고, 그들은 배 안에서 미로처럼 복잡한 공간을 잘도 찾아다녔다. 식사를 끝낸 후에도 이곳저곳을 다니며 즐겼다.

크루즈 여행은 그들에게 평생의 추억을 안겨주었다. 특히 마째란과 푸에르토 바 얄타섬에서 현지 문화를 만끽하며 시간을 보냈다. 색깔이 화려한 멕시코 풍경과 음식을 즐기며 행복한 표정으로 서로의 사진을 찍어주었다. 마지막 항구에서는 손으로 만든 거울과 티셔츠를 사며 즐거운 시간을 보냈다. 남편과 처음 하는 크루즈여행에서 그녀의 얼굴에는 생기가 돌았다.

이 여행은 옥에게 단순한 여행이 아니라, 힘든 일상을 벗어나 행복을 되찾은 특별한 순간이었다. 여행은 장소가 중요하지 않다. 누구와 함께 가느냐가 중요한 법이다. 나는 옥과 함께한 이 여행이 평생 기억에 남을 것이라고 확신한다.

생로병사는 하나님의 손에 달렸지만, 사람들은 각기 다른 방식으로 삶을 살아간다. 옥은 긍정적인 사고와 밝은 성격으로 어려운 삶을 이겨냈고, 그녀와의 인연은 끊어지지 않는 끈처럼 이어졌다. 아직도 약을 먹으며 하루하루를 살아가고 있지만, 나는 그 옆에서 보이지 않는 힘이 되고 싶다. 그녀는 이제 더 강해졌다. 어떤 어려움이 닥쳐도, 옥이가 어려움을 잘 헤쳐 나갈 것이라고 믿는다.

범사에 감사

두 달에 한 번씩 열리는 대학 동창 모임. 서로를 애타게 그리워하는 사이는 아니지만, 오랜 세월 동안 유지된 소중한 만남이다. 처음에는 여덟 명이 모였지만, 이사 가거나 운전이 힘들어진 친구들이 하나둘 빠지면서 이제는 다섯 명이 정기적으로 얼굴을 맞댄다.

이번에도 운전을 못 하는 친구를 태우고 모임 장소로 향했다. 평소에는 남편이 운전을 하지만, 유독 이 모임만큼은 내가 직접 운전대를 잡는다. 운전을 한다고 하면 남편은 마치 물가에 내놓은 아이처럼 걱정이 태산이다.

"처음 운전 배울 때처럼 조심해." 남편의 당부에 나는 장난스럽게 "알았어요, 서방님." 하고 대답하며 집을 나섰다.

점심을 마친 후, 다섯 명이 모두 한 친구의 집에 들르기로 했다. 내 차에 모두 올라탄 순간, 남편의 걱정스러운 얼굴이 머릿속을 스쳤다. 하지만 이 상황에서 피할 길은 없다.

'운전을 한동안 안 하긴 했지만, 26살부터 60살까지 운전했는데 못 하겠어?' 하는 오기가 생겼다. 조심스럽게 핸들을 잡고 길을 나서니, 다행히 아무 문제없이 친구 집에 도착했다. 속으로 안도하며 미소를 지었다.

친구 집에서 허니듀를 먹고, 사 온 빵을 나누고, 커피를 마시며

도란도란 지난 이야기를 나누다 보니 어느새 오후 4시. 그때 누군가가 말했다. "이왕 나온 김에 옷이나 한 벌 사러 가자." 한국 타운에 온 김에 쇼핑을 하자는 의견에 모두가 찬성했다. 다시 운전대를 잡아야 한다는 생각에 잠시 주저했지만, 별수 없이 출발했다.

쇼핑몰 주차장에 도착했을 때, 문제는 주차였다. 조수석에 앉은 친구가 나의 서툰 주차 실력을 보며 한마디 했다.
"너 너무 뒤로 많이 나왔어." 그 말에 황급히 내려 확인해 보니, 정말 뒤로 지나치게 빠져 있었다. 다시 차를 조정한 후 내리니 친구들은 어느새 저 멀리 걸어가고 있었다. 남편 차를 탈 때는 따라가기만 하면 됐는데, 내가 운전하니 신경 쓸 일이 한두 가지가 아니었다.

쇼핑을 마친 후, 다시 차를 빼려는데 이번에는 출구가 너무 좁아 애를 먹었다. 두세 번이나 핸들을 돌려가며 겨우 빠져나왔다. 그 순간 깨달았다. '무엇이든 연습이 필요하구나. 인생에는 공짜가 없지.' 운전도 예외가 아니었다. 가끔씩은 내가 직접 운전대를 잡아 녹슨 기술을 다듬어야겠다고 다짐했다.

마지막으로 한국에 사는 동생이 부탁한 방향제를 사러 '베스 앤드 바디 웍스'에 들렀다. 방에서 사용할 향기로운 스프레이를 20개나 사서 나오니 어느새 오후 5시를 훌쩍 넘겼다. 집에 돌아가는 길, 남편이 걱정할까 서둘러 도착했는데, 뜻밖에도 남편은 태연한 표정으로 말했다. "나 걱정 하나도 안 했어. 잘 하고 올 줄 알았어."

그 말을 듣고 나는 웃으며 대답했다. "믿어주니 고맙네." 하지만 속으로는 '아휴, 정말 힘든 하루였네.'라고 생각했다. 그리고 문득, 매일 나를 위해 운전해 주는 남편이 새삼 고마워지는 날이었다.

4월의 아픔을 넘어서

4월이 오면 아직도 잊히지 않고 떠오르는 사건이 있다. 1992년 4월 29일. 나는 그날을 생생하게 기억한다. 병원에서 일을 마치고 집으로 돌아오는 길, 라디오에서 충격적인 뉴스를 들었다. 흑인들이 폭동을 일으켰고, 그 무리가 한인 타운으로 향하고 있다는 것이다. 이유 없이 한인들이 피해를 입는구나. 눈물이 쏟아져 휴지로 닦았지만 앞이 보이지 않아 운전을 멈출 수밖에 없었다. 누구보다 성실하게 일하며 가정을 꾸려온 이민 1세대들, 그들이 일군 생활 터전이 불길에 휩싸이고 약탈당하고 있었다. 피땀 어린 노력으로 키운 비즈니스가 하루아침에 잿더미가 되는 모습을 바라보는 심정이 어땠을까. 하늘이 무너지는 것 같았을 것이다.

폭동의 발단은 두 가지 사건 때문이었다. 백인 경찰이 과속으로 질주하던 흑인 운전자 로드니 킹(Rodney King)을 체포하는 과정에서 폭행을 가했다. 그 후 열린 배심원 재판에서 4명의 백인 경찰들이 무죄를 선고받았다. 그리고 불과 2주 후, 한인 교포가 운영하는 리커스토어에서 흑인 소녀 라탸샤 할린스(Latasha Harlins)가 1달러 79센트짜리 오렌지 주스를 훔치려 한다는 오해를 받았다. 업주는 위협할 의도로 총을 들었지만, 실수로 발사되면서 할린스는 목숨을 잃었다. 법원은 한인 여주인에게 집행유예와 400시간의 사회봉사를 명령했다.

이 사건으로 인해 흑인 사회에서는 형량이 너무 가볍다는 불만이 커졌다. 폭동이 시작되자 흑인들은 한인 상점을 집중적으로 공격하며 방화와 약탈을 일삼았다. 나는 가게 여주인을 알고 있었기에 그 소식을 듣고 충격을 받았다. 그녀는 조용하고 점잖은 사람이었고, 남을 먼저 생각하는 성격이었다. 통화할 때마다 잦은 도난 사건으로 힘들어한다고 토로하곤 했다. 얼마나 많은 스트레스를 받았으면 그런 오해를 하고 돌이킬 수 없는 일을 저질렀을까. 뉴스에 나온 할린스의 사진을 보니 15세 소녀지만 성인 남성처럼 보였다. 게다가 그녀가 여주인을 폭행했다는 사실도 알려졌다.

결국 여주인은 평생 일군 재산을 모두 잃었고, 90세가 넘은 노모마저 동생 집으로 가야 했다. 그녀는 몸도 마음도 망가졌고, 삶의 희망을 잃었다. 시간이 흐른 후, 소식을 찾아보다가 그녀의 딸이 한인 언론과 인터뷰한 기사를 보았다. "사건 이후 어머니는 3년간 집 밖에 나가지 못할 정도로 죄책감과 공포에 시달렸다. 한인 사회조차 우리를 손가락질하며 궁지에 몰았기에 그 심정을 말로 다 할 수 없었다"라고 했다. 딸은 피해자 가족을 만나 사과하고 싶었지만, 흑인 단체들의 방해로 번번이 좌절되었다고 했다. 그럼에도 그녀는 "신이 당신들에게 축복을 내리길 바란다"는 말을 전하고 싶었다고 했다. 서로를 이해하지 못한 것이 결국 비극을 초래한 것이라는 깨달음도 덧붙였다.

이 사건을 떠올리며, 폭동이 일어나기 전 나의 친구에게 벌어진 또 다른 비극이 생각났다. 흑인이 주로 거주하는 컴튼(Compton)에서 리커스토어를 운영하던 친구의 남편이 단골손님이던 흑인 노숙자의 총에 맞아 세상을 떠났다. 평소엔 착하게 물건만 사가던 사람이었지만, 그날은 마약에 취해 돈이 필요했던 듯했다. 그로 인해 친구의 가족은 한순간에 무너졌다. 한인 신문에서는 이 사건을 크게 다루었지만, 미국 주류 사회에서는 거의 관심을 보이지 않았다. 한인이 흑인을 쏜 사건이었다면, 엄청난 파장이 있었을 것이다. 누구도 남편을 잃은 친구 가족의 슬픔과 고통에는 관심을 가지지 않았다.

2021년, 미네소타 미니애폴리스에서 조지 플로이드(George Floyd)가 경찰 체포 과정에서 질식사한 사건이 발생하며 또 다른 폭동이 일어났다. 이로 인해 "Black Lives Matter" 운동이 확산되었다. 코로나 바이러스 사태가 터지자 이번에는 동양인이 증오의 대상이 되었다. 길을 가던 동양인들이 무차별 폭행을 당하는 일이 빈번해졌지만, 우리는 "Korean Lives Matter"라고 외칠 용기조차 제대로 내지 못하고 있다.

결국 모두가 피해자가 되어 버렸다. 흑인은 차별과 억압 속에 살아왔고, 경찰은 공무 중 발생한 사건으로 오명을 뒤집어썼으며, 한인들은 폭력의 희생양이 되었다.

나는 흑인 밀집 지역인 사우스 엘에이에 아파트를 소유하고 있다. 침실이 다섯 개 화장실이 네 개인 새집에 흑인인 엘리슨과 남편, 아이들까지 여러 명이 살다가 이사를 갔다. 그들이 3년을 살고 이사 나간 집은 마치 폭풍우가 지나간 집같이 성한 데가 한 군데도 없었다. 스토브도, 그릇 세척기도 망가져서 버려야 했다. 그릇 세척기와 스토브를 새로 사서 넣었다. 페인트도 새로 다시 칠

했다. 2주 이상을 먼 길을 다니며 고치고 돈을 써도 집 주인은 권한이 하나도 없다. 엘에이는 목소리 큰 흑인들의 무법지대로 오랫동안 길들여져 있었다. 4·29 폭동 이후 서로가 노력 하는 중이다.

그래서 나는 크리스마스에는 아파트 세입자 아이들을 위해 장난감과 간식을 포장해 선물하고, 집안에 고칠 곳이 있으면 신속하게 수리해 준다. 집주인과 세입자의 관계는 종종 불편할 수 있지만, 서로 조금씩 양보하고 이해한다면 피부색과 문화를 넘어 좋은 친구가 될 수 있으리라 믿는다.

무엇보다 중요한 것은 우리의 마음속에 자리 잡은 편견을 버리는 일이다. 인간은 평등하며, 피부색의 차이는 우리가 함께 살아가는 데 아무런 장애가 되지 않는다. 다양한 인종이 함께 어우러져 사는 이곳, 엘에이에서 이제는 더 이상 증오와 분열이 아닌 화해와 공존을 이야기해야 한다. 엘에이 폭동이 발생한 지도 30년이 넘었다. 그날의 아픔을 잊지 말고, 이를 발판 삼아 열린 마음으로 서로 돕고, 소통하며, 화해하는 세상을 만들어 가기를 기도해 본다.

골프 치는 날

세 번째 언니가 수요일 골프 예약을 해 놓았다는 연락이 왔다. 나는 골프를 좋아하지 않는다. 하지만 연습은 해야 한다. 갑작스레 들이닥치는 한국 식구들과 시카고 친구들을 위해. 그들은 예고 없이 찾아와 몇 주일을 골프로 채우고는 떠난다. 나는 손님 접대용으로 일 년에 몇 번 클럽을 잡을 뿐이라 실력은 늘지 않고, 매번 느끼는 스트레스는 나만의 비밀이 된다. 가끔 교습을 받을 때면 코치의 "180도로 스윙하고 몸을 틀어라"는 말이 머릿속에서 맴돌며 오히려 골프를 더 어렵게 만든다. 주변에서 던지는 훈수들은 나를 더 혼란스럽게 했다. 스윙을 바꾸고, 실패하면 또 바꾸고. 어젯밤에도 잠들기 전 침대 위에서 허공에 스윙을 그리며 "하나, 둘, 셋" 리듬을 익혔다. "댄스처럼 스텝을 밟아라"는 조언이 우스웠지만, 그래도 나름의 박자를 찾으려 애썼다.

아침 9시 15분, 코스타메사 컨트리클럽으로 가는 차 안이다. 목이 칼로 그른 듯 아프고 열이 오르는 것 같다. 골프 트라우마가 몸을 공격하는 걸까. '넌 왜 자꾸 힘든 일을 떠안니?' 라는 속삭임에 나는 스스로를 달랜다. "한 달 전에 연습했잖아. 이번엔 분명 나아질 거야. 포기하면 가족들이 왔을 때 같이 놀지 못할 텐데."

어릴 적부터 가장 두려웠던 건 언니들 사이에서 외톨이가 되는 일이었다. 그들의 세계에서 벗어나고 싶어 처녀 몸으로 미국에 홀로 온 건, 어쩌면 그 때문이었을지 모른다. 그런데 둘째, 셋째 언니도 따라왔고, 은퇴한 첫째와 막내 언니까지 합류하자 그들은 나를 제외한 골프 여행을 일상으로 삼았다. "이제 와서 배워라"는 압박이 시작됐을 때, 나는 울며 한 달간 레슨을 받았다.

작년에는 "가족 대상봉"이란 이름으로 1년 전부터 골프 연습을 독촉하는 문자가 날아왔다. 그들에게 이 모임의 목적은 오로지 골프뿐이었다. 시간이 부족했지만, 나는 모든 일을 미뤄가며 클럽을 잡았다. 회원권을 사고, 장갑부터 알록달록한 골프웨어까지 구비했다. '일주일에 한 번만 쳐도 괜찮겠지' 했지만, 그건 순진한 생각이었다.

결국 9명의 가족이 페블비치와 몬테레이의 바다 곁 코스로 떠났다. 7월의 푸른 해안이었지만, 뼛속까지 스며드는 추위에 오리털 재킷을 껴입고도 손이 얼어붙었다. 연습했던 스윙은 온데간데없고, 공은 비틀어진 궤적을 그리며 나를 배신했다. "최 씨 딸"들은 승부에 사활을 걸었고, 한국에서 온 남동생은 새로 배운 골프 이론으로 밤샘 토론을 이끌었다. 나만이 낯선 세계의 관객이 된 기분이었다.

골프 없는 삶을 꿈꾼다. 하지만 왕따가 되는 공포가 더 크다. 86세 언니부터 71세 남동생. 이 집단은 누구도 나의 고민을 읽지 못한다. 리인홀드 니버는 말했다. "개인은 이웃을 사랑할 수 있지만, 집단은 이기주의자가 된다." 피로 맺어진 가족도 그 순간만큼은 이기적이 되어버렸다.

　나는 오늘도 클럽을 든다. 소외와 따돌림이라는 단어가 무섭기 때문이다. 언젠가 계속 치다 보면, 그들처럼 자연스럽게 웃으며 공을 날릴 날이 오겠지. 아니, 오기를 바란다.

제5부

25달러의 릴레이

25달러의 릴레이

12월이 시작되자마자 감기에 걸려 고생을 했다. 벌써 2주가 지났는데도 증상은 나아질 기미가 없었다. 의사에게 항생제를 처방받아 복용했지만, 뜨거운 여름날의 타는 듯한 갈증 같은 목의 통증과 고열은 여전했다. 밤새도록 39도가 넘는 열에 시달리면서 겨우 숨을 몰아쉬는 밤들이 이어졌다.

지난 11월, 건강을 위해 피트니스 센터에 다니며 매일 운동을 했던 것이 무리였던 걸까? 문득 '과유불급'이라는 말이 떠올랐다. 운동도, 친절도, 재물도, 배려도, 심지어 먹는 것도 과하면 모자람만 못하다는 사실을 몸소 깨닫는 순간이었다. 열심히 운동해서 건강을 지키려 했는데, 아이러니하게도 감기에 걸려 고생하게 될 줄이야. 인간의 나약함이 때로는 무서울 정도로 실감 났다.

몸이 아플 때면 겨울밤의 긴 시간 속에서 못 다한 이야기들과 지나온 추억들이 주마등처럼 스쳐 지나간다. 혼자 외롭게 살아가시다 세상을 떠난 어머니, 사소한 아집 때문에 50년을 넘게 알고 지낸 친구와 멀어진 일, 어쩌면 한 번의 따뜻한 말로 해결할 수도 있었던 순간들이 후회와 연민이 되어 밀려왔다.

그러나 그런 생각을 바꾸게 한 특별한 기억이 있다. 작년 12월 31일, 송구영신 예배를 드리러 가기 몇 시간 전, 나는 남편과 함께 멀리 사는 친구를 방문했다. 간단한 외출이었기에 핸드백은 남편에게 맡기고, 단지 구경만 할 생각으로 20달러만 손에 쥐고 옷가게에 들어섰다. 그러던 중, 눈여겨두었던 스웨터가 반값 세일 중이었다. 너무 마음에 들어 서둘러 계산대로 갔지만, 돈이 5달러 모자랐다는 사실을 그제야 깨달았다.

점원에게 1시간 후에 다시 오겠다고 부탁하는 순간, 내 뒤에서 유모차를 끌고 있던 젊은 여성이 조용히 5달러를 건넸다. 당황한 나는 어쩔 줄 몰라 하며 반쯤 돈을 받아 들었는데, 그녀는 내 옷값 전체를 자신의 물건과 함께 크레딧 카드로 계산하더니 아무 말 없이 가버렸다. 유타에서 온 리즈(Liz)라는 이름을 가진 그녀는 나에게 이유도 조건도 없이 최고의 선물을 주고 떠났다.

얼떨떨한 감동이 채 가시기 전에 나도 그녀에게 받은 25달러를 다시 나누고 싶었다. 그리고 마침 내 뒤에 줄 서 있던, 따뜻한 옷이 꼭 필요해 보이던 사람에게 털옷을 사주었다. 마치 릴레이처럼 선행이 이어지는 순간이었다.

요즘 "남에게 베풀어라"(Paying Forward)라는 운동이 전 세계적으로 확산되고 있다고 한다. 특히 유타주의 어느 드라이브 스루 커피숍에서는 앞차가 뒷차의 커피 값을 대신 내주는 작은 친절이 연이어 이어지는 일이 있었다고 한다. 낯선 사람에게서 받는 작은 배려는 그 어떤 선물보다 따뜻하고 감동적인 법이다. 더구나 연말이라는 특별한 시기에, 뜻밖의 친절을 경험한다면 그 기억은 평생 잊히지 않을 것이다.

"적선지가 필유여경(積善之家 必有餘慶)." 선을 쌓는 집에는 반드시 그에 대한 복이 돌아온다는 말처럼, 남을 위한 작은 베풂이 결국 나에게도 더 큰 기쁨으로 돌아온다.

 이처럼 작은 친절의 릴레이는 우리 사회를 더욱 따뜻하게 만든다. 받은 친절을 또 다른 누군가에게 전하고 싶은 마음, 그 생각만으로도 내 몸의 열이 내리는 듯했다. 친절이야말로 최고의 항생제가 아닐까. 새로운 해가 이러한 배려와 사랑으로 더욱 따뜻해지기를 기대해 본다.

격납고에서의 결혼식

지난 토요일, 플러턴의 한 비행기 격납고에서 특별한 결혼식이 열렸다. 남편의 고등학교 친구 아들이 8년 연애 끝에 일본인 신부와 결혼하는 자리였다. '격납고'라니, 처음 듣는 장소에 막연한 의문이 들었지만, 현대식 결혼식의 창의성을 다시 한 번 깨닫게 해주는 공간이었다.

커다란 창고 공간은 크리스마스 전구 수백 개로 반짝였고, 길쭉한 테이블에 빼곡히 앉은 하객들로 북적였다. 장식은 최소화되었지만, 그만큼 따뜻한 정감이 느껴졌다. 메뉴는 갈비 한 조각과 닭 가슴살, 브로콜리 볶음, 으깬 감자뿐이었지만, 오히려 간결함이 돋보였다. 샴페인 한 잔으로 축배를 들고, 커피잔조차 놓을 공간이 부족한 소박한 분위기 속에서도 신랑신부의 행복은 가득 차 보였다.

28세의 신랑은 대만계 어머니와 한국인 아버지 사이에서 태어났고, 신부는 일본계 5세였다. 하객들 대부분이 대만과 일본인이어서, 아시아 삼국의 문화가 자연스럽게 어우러지는 듯했다. 한국인은 시아버지의 친구인 우리들뿐, 신부 집안의 영향력이 더 크다는 사실이 새삼 느껴졌다. 요즘은 정말 딸을 둔 집안이 우세하다

더니, 피부로 와닿는 순간이었다.

결혼식이 끝나자 신랑과 신부는 헬리콥터를 타고 하늘 한 바퀴를 돌았다. 그래서 격납고에서 결혼식을 한 것이구나, 하는 깨달음과 함께 현대식 웨딩의 독특함에 미소가 지어졌다.

신랑의 어머니는 슬퍼 보였다. 한국인 남편과 12살 차이가 나는 재혼 가정에서, 아들은 20년 동안 그녀의 희망이자 부부의 연결고리였다. 이제 그 아들은 다른 여인의 남편이 되었으니, 어머니의 마음이 허전할 법했다. 나도 같은 입장이기에 위로의 말은 건네지 못했다. 대신, 일본인 신부의 아버지가 단상에 올라 "어릴 적부터 기도한 대로 훌륭한 사위를 만났다"며 기쁨을 나누는 모습에서 위안을 얻었다.

최근 들어 장례식만 다니던 터라, 이렇게 생기 넘치는 결혼식은 오랜만의 즐거움이었다. 격납고의 차가운 철골 구조물 아래에서도 피어나는 사랑의 온기가, 오히려 더 따뜻하게 느껴졌다. 세대를 넘어 변해가는 결혼의 형태지만, 결국 중요한 건 두 사람의 마음임을 다시 한 번 생각해보는 저녁이었다.

운전 면허증 갱신

몇 달 동안 공부한 보람이 있어야 하는데, 조바심을 내며 아침의 창을 열었다. 날씨가 맑다. 기분이 좋아진다. 왠지 오늘은 잘될 것 같은 예감이 든다.

운전한 지도 벌써 40년이 넘었지만, 마치 10년 정도밖에 안 된 것 같다. 은퇴 후 남편이 혼자 운전하다 보니, 나는 뒷좌석에만 앉아 있었고, 운전에 신경 쓰지 않은 지도 벌써 5년이 흘렀다. 딸들이 "엄마는 왜 차를 가지고 있어?"라며 장난스럽게 묻는 바람에, 결국 내 차도 팔아버렸다. 마침 중고차 값이 좋다는 소리에 덩달아 팔았지만, 막상 팔고 나니 서운함이 몰려왔다. 한동안 후회도 했다. 그러고 보니 세상에 내 것은 하나도 없었다.

평생 나의 것 같았던 직장도 30년 넘게 다니다 보니, 늙었다는 이유로 눈치를 주었고, 하루라도 일을 하지 않으면 굶어 죽을 것만 같았던 내가 이렇게도 멀쩡히 살아있는 걸 보면, 세상에 절대적인 것은 없는 듯하다.

코로나 때문에 지난 5년간 면허시험 없이 재발급을 받아왔지만, 이번에는 직접 시험을 봐야 했다. 10년 만의 시험이다 보니 공부를 소홀히 할 수 없었다. 매일 밤 DMV앱을 휴대전화에 설치해 문제를 풀었다. 36문제가 24종류로 나뉘어 있어, 900개가 넘는 문제를 반복해서 풀고 또 풀었다. 간호사 시험 때보다 더 열심히 공부한 것 같다. 게다가 영어로 문제를 보니 말장난처럼 비슷한 표현이 뒤섞여 있어 헷갈릴 때가 많았다. 모의고사를 볼 때마다 5~6개씩 틀렸고, 결국 한국어 시험도 준비하기로 했다. 200개가 넘는 한국어 문제를 매일 읽고 또 읽었다. 맞는 것은 언제나 맞고, 틀리는 것은 계속 틀렸다. 내 옆에서 무심코 보던 남편도 갑자기 자기 면허도 갱신해야 한다며 공부를 함께 시작했다.

그날부터 우리는 저녁마다 드라마도 포기하고 열심히 토론하며 공부했다. 그리고 드디어 시험 당일. 10시까지 시험장에 도착해야 했다. 코스타메사 시험장 입구에는 이미 줄이 길었다. 예약 없이 온 사람들이었다. 우리는 예약이 되어 있었기에 당당히 안으로 들어갔다. 모든 절차가 순조롭게 진행되었다. 번호를 받고 전광판을 보며 기다리는데, 남편의 번호가 먼저 불렸다. 나는 22번 창구로 가야 했다.

창구에는 머리가 곱슬곱슬한 백발의 여직원이 있었다. 그녀는 세상이 다 귀찮다는 듯한 표정으로 나를 맞이했다. 두 번 말하기도 싫은 눈치였다. 하긴, 똑같은 말을 하루 종일 반복하다 보면 그럴 수도 있겠지 싶었다. 41달러를 내고, 그녀가 잔돈을 바꾸러 간 사이 나는 미리 눈 검사를 연습했다. 돌아온 여직원은 나에게 직접 손으로 한쪽 눈을 가리라고 했다. 다행히 패스했다. 한국어로 시험을 보겠다고 하니 1번 창구로 가라고 했다.

1번 창구에서 사진을 찍으며 직원이 말했다. "한국어로 시험 보면 두 시간 걸려요." 그리고는 시험지를 주지도 않고 마냥 기다리라고 했다. 언제 받을 수 있냐고 물으니, 모른단다.

남편은 시험을 이미 끝내고 시험지를 손에 들고 있었다. 어디서 받았느냐고 하니, 자신을 도와준 동양인 직원에게 받았다고 했다. 나는 22번 창구로 다시 돌아갔다. 그러나 여직원은 여전히 다른 사람을 응대하느라 바빴다. 몇십 분을 더 기다린 끝에, 신경질적인 그녀가 "시험지는 1번 창구에서 받았어야지!" 하며 따라왔다. 다시 1번 창구로 가니, 흑인 여직원이 준비된 한국어 시험지를 건네주었다.

시험은 총 25문제였고, 생각보다 쉬웠다. 다섯 개를 틀리면 탈락이었는데, 그보다 더 큰 문제는 채점 과정이었다. 한 사람씩 수작업으로 채점하다 보니, 두 시간 기다리라는 말이 괜히 나온 것이 아니었다. 기다린 끝에, 드디어 점수를 받았다.

100점! 임시 면허증을 받으며 모처럼 상쾌한 기분이 들었다. 남편과 마주 보며 웃었다. "시험은 100점을 맞아야지!" 오랜만에 속 시원한 웃음을 지었다. 날씨도 좋고, 점심시간이 되었으니 "좋은 데 가서 밥이나 먹자!"라고 했다.

운전하면서 남편은 배운 대로 사인판을 보며 장황하게 설명했다. 미국에서 운전면허는 필수다. 면허증은 단순한 운전 자격증이 아니라, 신분증 역할도 한다. 나는 다시 한 번 나 자신을 돌아보았다. "나는 아직 운전할 능력이 있다." 가방 속 임시 면허증이 든든하게 느껴졌다. 내 스스로에게 응원을 보냈다. "잘했어!"

회복의 기도

둘째 사위의 어머니가 폐암 진단을 받고 오늘부터 방사선 치료와 항암 치료를 시작했다. 3개월이 넘는 검사를 거쳐 마침내 치료가 시작되었지만, 그 긴 시간 동안 우리는 마음을 졸이며 '암'만은 아니길 간절히 기도해왔다. 그러나 하나님의 크신 뜻을 감히 헤아릴 수 없기에, 그저 순종하며 받아들일 수밖에 없는 현실이 눈앞에 펼쳐졌다. 몸무게가 100파운드도 채 되지 않는 가녀린 몸으로 이 힘든 치료 과정을 견뎌낼 수 있을지 걱정이 앞선다.

생각해 보면 그녀의 건강이 급격히 나빠진 것은 지난 8월부터였다. 여행을 떠나기 바로 전날 코로나에 감염되어 약을 처방받았으나, 약이 너무 써서 임의로 절반씩만 복용했다고 한다. 코로나 약조차 제대로 먹지 못했는데, 이제는 항암 치료와 방사선 치료를 병행해야 한다니 그 고통이 얼마나 클지 짐작조차 어렵다. 듣기만 해도 힘든데, 당사자인 그녀의 심정은 얼마나 막막할까. 나 역시 앞이 캄캄해지는 기분이다. 더욱이 그녀는 아들까지 암에 걸려 지난 일 년을 정신적, 육체적으로 힘겹게 보냈던 사람이다. 한 사람에게 이토록 큰 시련이 연이어 닥치는 것이 안타깝기만 하다.

주변 사람들은 어쩌면 나의 이런 걱정을 이해하지 못할지도 모른다. 사돈이라는 관계가 보통 그리 가깝지 않은 사이인데, 내가 이렇게까지 마음을 쓰는 것이 의아할 수도 있을 것이다. 그러나 나는 진심으로 이 사돈을 좋아한다. 둘째 딸도 시어머니에 대해 "버릴 것이 없는 사람"이라며 칭찬을 아끼지 않는다. 며느리가 이렇게까지 말할 정도라면, 그녀의 인격과 삶의 태도를 짐작할 수 있지 않을까? 우리 부부는 사돈 부부와 함께 한 달 동안 크루즈 여행을 한 적이 있다. 그 긴 시간 동안 한결같은 성품을 보였고, 언제나 웃음을 잃지 않으며, 짜증을 내는 모습을 단 한 번도 본 적이 없다. 두 분 다 교회 장로로 섬기고 계시는데, 교인들이 정말 훌륭한 분들을 잘 선택했다는 생각이 들었다.

오늘도 나는 그녀를 위해 기도하며 하루를 시작하고, 기도로 하루를 마친다. 혹시 내가 기도가 부족해서 이런 일이 생긴 것은 아닐까 하는 불안한 마음도 든다. 인간의 힘으로 어찌할 수 없는 일들 앞에서 무력함을 느끼지만, 그래도 기도하는 것만이 내가 할 수 있는 유일한 일이다. 부디 그녀가 6주 동안의 치료를 무사히 마치고, 심한 부작용 없이 잘 견뎌내길 간절히 바란다. 하나님께서 그녀를 붙드시고, 이 시련을 이겨낼 힘을 주시길 기도하며, 나는 오늘도 두 손 모아 간절한 마음을 올린다.

추억 속의 만남

 팬데믹으로 인해 오랜 시간 집에 머물러야 했던 우리는 드디어 한국 여행을 계획했다. 남편은 늘 걱정이 앞서는 성격이라 여행 준비에 소극적이었고, 결국 비행기 표를 사는 것부터 일정까지 모든 계획을 내가 세웠다. 다행히도 나를 따라 나섰고, 우리는 설레는 마음으로 한국으로 향했다.
 언제나 그랬듯이 한국에 도착한 지 3주쯤 지나면 남편은 예상대로 미국으로 돌아가자며 조르기 시작했다. 나는 그의 반응에 익숙하여 가볍게 넘겼지만, 이번 여행은 예상과 다른 방향으로 흘러갔다. 남편의 친구들이 여기저기서 연락하며 만나자고 성화를 부렸고, 결국 친구 S가 새벽부터 벤츠를 몰고 우리가 머무는 집으로 데리러 왔다. 못 이기는 척하며 3박 4일의 여행을 시작했다.
 첫 번째 목적지는 원주였다. 그곳에는 ROTC 시절을 함께한 친구 세 명이 부부 동반으로 기다리고 있었다. 특히 한 친구는 50여 년 만에 재회하는 인연이었다. ROTC 훈련을 받으며 생사를 함께했던 이들은 오랜만의 만남에 감회가 남다른 듯했다. 그 시절 월남 파병을 함께했던 이야기, 청춘의 한 페이지를 장식했던 추억들이 끝없이 이어졌다.
 속초로 이동하는 길에 봄비가 촉촉이 내렸다. 서울에서도 친구

부부들이 달려와 저녁을 함께하기로 했고, 마침내 다섯 명의 부부가 한자리에 모였다. 남자들은 50년 세월을 거슬러 다시 청년이 된 듯 대화를 나누었고, 여자들은 처음 만났음에도 오래된 친구처럼 부엌일을 도우며 웃음을 나누었다.

남편은 8명 중 키는 보통이었고, 머리숱은 제일 적었지만 자세는 반듯했다. 오랜 요가 생활 덕분인지 체력도 친구들보다 좋아 보였다. 그러나 그는 말수가 적었다. 문득 대학 시절 처음 만났을 때도 그가 가장 조용했던 기억이 떠올랐다. 친구들 사이에서 말없이 앉아 있던 모습이 오히려 나에게는 매력적으로 다가왔었다. 그때 왜 그리 조용했냐고 물었더니, 친구들을 위해 모인 자리에서 자신이 나서는 것은 예의가 아니라고 생각했다는 답이 돌아왔다. 그의 깊은 배려심이 다시금 느껴졌다.

그날 밤, 모두 돌아가며 노래를 한 곡씩 부르기로 했다. 가라오케도 없는 방에서 곡조도, 가사도 정확히 모르는 노래들을 부르며 흥을 돋웠다. 남편은 '선구자'를 불렀다. 그의 18번곡이라서인지 끝까지 자신감 있게 불렀고, 친구들은 열렬한 박수로 화답했다. 헤어지기 아쉬운 마음에 일부 친구들은 속초에 사는 친구 집에서 묵기로 했다.

새벽녘, 속초 바닷가로 나가 조깅을 했다. 강원도의 바다는 자연 그대로의 바위들이 멋스럽게 흩어져 있었고, 속이 투명하게 들여다보이는 푸른 물빛은 우리가 사는 미국의 바다와는 전혀 다른 모습이었다.

그날 아침, 또 한 명의 친구가 S를 찾아왔다. S는 남편과 나를 처음 만나게 해준 사람으로, 3년 전 식도암을 앓았지만 다행히 건강을 많이 회복한 상태였다. 대장암을 앓았던 남편은 그의 소식에 유독 반가워하며 건강을 함께 기원했다. 친구들은 나이가 들수록 내일을 기약할 수 없다는 사실을 실감하며, 오늘 하루를 충실히 살자는 다짐을 나누었다.

이번 여행에서 남편은 오랫동안 잊고 있던 자신의 모습을 되찾은 듯했다. 처음에는 미국으로 돌아가자며 칭얼대던 그가, 친구들과의 재회 속에서 점점 밝아지고 활기차졌다. 5월의 싱그러운 자연, 깨끗한 거리, 풍성한 음식들 속에서 우리는 한국이 얼마나 아름다운 나라인지 다시금 깨달았다. 그리고 내 나라에서 다시 한번 살아보고 싶다는 충동이 일었다.

이민 생활에 쫓겨 우리는 너무 많은 것들을 잊고 살았다. 친구와의 우정, 고향의 정취, 따뜻한 정을 나누는 순간들. 시간이 지나도 변하지 않는 소중한 것들이 있었다. 이 여행은 단순한 관광이 아니라, 우리에게 지난 세월을 돌아보고 삶의 의미를 다시금 되새기는 귀중한 기회가 되었다.

세계 야구대회

오늘 저녁 5시부터 야구 중계가 있었다. 이름하여 세계야구대회. 미국 뉴욕 양키스와 LA 다저스의 경기인데, 왜 '세계야구대회'라는 명칭을 쓰는지 이해하기 어렵다. 남편은 "미국 사람들의 교만"이라며 비난 아닌 비난을 했다. 하지만 며칠 전부터 그 경기를 보려고 벼르고 있었던 터라, 말과는 달리 누구보다도 기대하고 있었다. 나 역시 덩달아 기다려지면서 흥분되었다.

중앙일보에서 곽현수(토미 이든)라는 한국계 선수가 출전한다고 보도했다. 더욱 기대가 커졌다. 한 기자는 칼럼에서 "현수가 잘해서 꼭 이기고 또다시 MVP가 되었으면 좋겠다"라고 썼다. 곽현수는 한국인 어머니와 미국인 아버지 사이에서 태어났지만, 어머니가 한국인이어서 그런지 더 한국사람 같은 느낌이 들었다. 역시 모계 사회라는 말이 맞는 걸까. 우리 손자는 아버지가 한국인이고 어머니가 미국인인데, 그래서인지 한국에 관한 관심이 적을까 벌써 걱정된다.

6회 말, 다저스가 먼저 한 점을 냈다. 너무 신이 났다. 그런데 뒤이어 양키스가 두 점을 내며 1대 2로 역전했다. 7회 말, 오타니가 적시타를 치며 2대 2 동점이 되었고, 결국 9회까지 승부를 가리지 못했다. 연장전이 시작되었다. 10회 초, 양키스가 1점을 추가하며 2대 3이 되었다. 이제 다저스의 마지막 공격. 곽현수가 두 번째 타자로 나왔다. 스트라이크를 당하면 희망이 없었지만, 다행히 안타를 쳐 살아남았다. 멀리 보내지는 못했지만, 오타니에게 타석 기회를 줄 수 있어 다행이었다. 오타니는 홈런성 타구를 날렸지만, 양키스 수비수가 점프해서 잡아내며 아웃됐다. 이제 두 명의 주자가 나가 있는 상황에서, 다음 타자가 홈런을 치지 못하면 다저스는 패배하는 위기였다.

양키스 코치는 긴장했는지 투수를 몇 번이나 교체했다. 결국 건장한 히스패닉계 투수가 마운드에 올랐다. 그리고 다저스의 마지막 타자가 등장했다. 그는 단숨에 홈런을 쳐냈다! 야구장은 환호성으로 뒤덮였고, 경기장을 찾은 팬들은 비싼 티켓값이 아깝지 않을 정도로 기뻐했다. 나도 그들과 함께 기쁨을 만끽했다. 야구도, 인생도 마찬가지다. 될 듯 될 듯하다가도 실패하고, 또 예상치 못한 기회가 찾아오기도 한다. 오늘 경기는 마치 나의 인생과도 같았다. 끝날 것 같은 순간에도 반전이 있고, 다시 살아나는 법이니까.

오늘 저녁의 승리는 한국인 어머니를 둔 곽현수가 마지막까지 안타를 치며 제 몫을 다한 덕분이었다고 해도 과언이 아니다. 나도 아들을 7년 동안 야구 시키며 이리저리 데리고 다녔던 기억이 떠올랐다. 올스타로 뽑히고, 잘한다는 소리도 들었지만, 아들이 본인이 원하지 않아 결국 그만두게 되었다. 반면 우리 큰 사위는 어릴 적 야구 선수를 꿈꿨지만 이루지 못했고, 손자가 태어나

자마자 세 살 때부터 야구를 가르쳤다. 다행히 손자도 야구를 좋아해 고등학교 3학년 때까지 계속했지만, 결국 더 뛰어난 선수들에게 밀려 포기했다. 지금은 대학 4학년이 되어 공부하는 것이 더 좋다고 하니 다행이다. 부모님께 효도하며 최선을 다했고, 이제는 자신이 좋아하는 길을 가는 것도 좋은 일이다. 운동으로 성공하는 사람이 몇이나 될까. 그 치열한 경쟁과 긴장감을 어찌 견뎌낼지 생각하면 걱정이 앞선다. 그래서일까, 손자가 야구를 포기했을 때 나는 은근히 안도했다.

오늘 경기를 다시 돌아보니, 홈런을 친 선수는 영웅이 되었지만, 반대로 양키스의 투수는 얼마나 힘들었을까. 영광은 누구에게나 주어지는 것이 아니다. 우리는 그 사실을 잘 알고 있다.

경기가 끝난 후, 남편과 나는 손뼉을 치며 마치 내 아들이나 손자가 이긴 것처럼 기뻐했다. 사실 내 아들도, 손자도 아니었지만, LA에 산다는 이유 하나만으로도 즐거운 경기였다. 다음 주 가족들과 만나면 할 이야기도 생겼다. 모두 함께 기뻐할 생각을 하니, 정말 기분 좋은 저녁이었다.

Two Tower

남편이 어바인에 취직하게 되면서, 나는 새로운 병원을 찾아야 했다. 1981년 11월, 어바인 주립대학병원에 원서를 넣고 기다리던 나는, 연말이 다가오자 연초까지 쉬어 가기로 마음먹었다. 다섯 살과 한 살배기 딸을 둔 엄마로서, 어렵게 얻은 휴일을 집에서 쉬는 것이 아이들에게도 좋다고 생각했다. 간호사들이 부족했던 시절이라 취직은 그리 어렵지 않았다. 7년 동안 미국에서 간호사로 일한 경험도 많은 도움이 되었다.

첫 면접은 Two Tower에 있는 산부인과 병동의 테스라는 백인 간호원장이 맡았다. 대학병원의 빌딩은 여러 개로 나누어져 있었다. Two Tower는 Maternity 병동으로 아기를 순산하고 며칠 치료받고 퇴원 시키는 곳이었다. 외래병동에서의 경험만 있던 나는 아기를 낳은 겸험을 살려 산부인과를 택했다. 테스는 병동을 구경시켜 주고 아무 말을 하지 않는다. 그러는 그녀에게 "나 취직되었니?"라고 물었다. 그도 웃으며 대답했다. "그럼요, 당연히 취직 되었죠."

새로 뽑은 간호사는 6개월에 오리엔테이션을 마쳐야 한다. 새로 졸업한 간호사처럼 기초부터 다시 배워야 했다. 정맥주사, 혈당 재는 법, 혈압 측정법, 채혈 등을 하나씩 배우면서 나는 더 나은 간호사가 되어갔다. 첫 월급을 받았을 때, 간호사 1계급이라 예상보다 적은 급여에 실망했지만, 동료 간호사가 추천해 준 대로 인사과에 가서 경력을 인정해 달라고 요청했다. 의외로 기꺼이 수긍해 주었고, 그 경험은 내가 더 당당하게 살 수 있게 만들어 주었다. 그날부터 나는 '스픽 업(Speak up)'을 배우고, 미국 사회에서 목소리를 내는 중요함을 깨달았다.

내가 일하는 시간은 오후 3시부터 11시까지였다. 남편이 아침에 일하고 돌아오면, 아이들은 아빠와 함께 저녁을 먹을 수 있었다. 미국 간호사들 중에서는 이 시간대를 선호하지 않는 사람들이 많았지만, 나는 두 아이를 둔 엄마로서 경제적이고 편리한 시간대가 더 좋았다. 물론, 저녁에 아이들과 함께 할 수 없는 점은 아쉬웠지만, 그 돈을 절약할 수 있다는 사실이 더 중요했다.

그러던 어느 날 밤, 나는 동료 간호사와 교대하면서 환자 상태를 이야기하고 있는 중이었는데 테스가 나타났다. 간호 원장이 밤에 병동에 나오는 일은 처음이었다. 간호사와 사무 보는 직원들까지 수군거리며 불안한 분위기였다. 나는 그때 처음으로 이 병원의 비밀이 철저히 관리되는 곳이라는 사실을 실감했다. 병동에서 일하는 동안, 간호사 모두는 각자의 역할을 충실히 했다. 마약 관리나 환자 정보 관리 등은 특별히 중요한 일이었다. 나와 병원 입사 동기인 스텔라라는 동료 간호사에게서 벌어진 일은 충격적이었다. 스텔라는 마약 중독자였다. 텍사스에서 간호사로 일하다 이사를 와서 TWO TOWER 병동에서 일 한지 일 년이 지났다. 몇 명의 같이 일하던 동료가 마약을 시간 교대 할 때마다 검사하고 사인까지 했는데 그 숫자가 빈다는 것을 상부에 비밀로 오래 전 부터 보고했단다. 그러나 상부는 1년이 넘는 동안 아무도 모르게 뒷 조사를 하고 오늘 밤에 병원 간호 원장과 경찰이 나타나서 그녀를 데리고 나갔다. 나는 아무것도 눈치채지 못했다. 이 사건을 통해 미국 사회의 공정함과 철저함을 다시 한 번 느꼈다.

대학병원 산부인과 병동은 히스페닉 환자들이 많았다. 멕시코에서 불법으로 넘어와서 보험이 없어도 오렌지카운티에서 병원비를 내주었다. 환자 수는 너무 많아서 일은 바쁘고 힘은 들었지만 많은 것을 배웠다.

50년이 넘는 미국 생활을 돌아보며, 산부인과 병동에서 만난 동료 간호사와의 유대 관계의 중요성도 배웠다. 백인 간호사들과 함께 일할 때 한국인으로서 일을 잘해야 하는 강박관념이 늘 나를 따라다녔다. 나 한 사람이 잘해야 앞으로 오는 한국 간호사에게 중요한 본을 보여 주었나를 일깨우면서 살아왔다.

칭찬의 미학

은퇴 후, 하고 싶은 일을 찾아 나서기로 마음먹었다. 일할 때는 하고 싶은 일도 많았지만, 막상 시간이 생기니 눕고 싶고, 자고 싶고, 쉬고 싶고, 어디에도 얽매이고 싶지 않았다.

'오늘 못하면 내일 하지'라는 태도가 일상이 되어버렸다. 노인대학에도 나가보고, 수채화도 그려보았다. 컴퓨터도 배우고, 라인댄스도 배웠다. 골프와 탁구에도 도전했지만, 어디 하나 잘하는 것이 없었다. 모두 작심삼일이었다.

그러다 노인대학에서 2개월 남짓 배운 실력으로 그린 수채화 두 점을 액자에 넣어 딸의 사무실에 걸었다. 딸은 그 그림을 Facebook에 올렸고, 15명이 넘는 친구들이 댓글을 남겼다. "재주가 보인다"는 말도 있었다. 설마 하는 마음이었지만, "칭찬을 들으면 고래도 춤춘다"는 말처럼 나도 미술을 해보기로 했다.

학교를 다니던 시절, 칭찬을 듣는 일은 쉽지 않았다. 반에서 1등이라도 해야 가능했을까. 한 학년에 480명이나 되는 학생들 속에서 칭찬받는 것은 꿈같은 일이었다.

반면, 미국에서는 아이들이 칭찬을 많이 받으며 자란다. 25~30명인 한 반에서 매번 상을 받아오는 아이들이 너무 신기했다. 정말 잘해서 그러는 것인가 싶었지만, 나중에 보니 모든 아이가 받는 칭찬 상이었다. 그렇게 길러진 아이들이 성공률도 높고 자신감이 있다고 했다. 반면, 비판만 받고 자란 아이들은 자라서 남을 비판하기를 잘한다고 한다. 돌아보니, 내가 오늘날 이렇게 변해 있는 이유를 이해할 것 같아 씁쓸한 마음이 들었다.

그렇다면 적절한 칭찬은 어떤 것일까? 지나친 칭찬은 낯간지럽지만, 필요할 때 알맞은 칭찬은 세상살이에 꼭 필요한 덕목이라는 생각이 든다. 칭찬에도 감각이 필요하다. 미국에서 칭찬의 불균형을 느낀 적이 있다. 나는 미국 사람들은 날씬하다고 칭찬해 미안할 정도였지만, 한국 교회에 가면 뚱뚱하다고 대놓고 핀잔을 받은 적이 많았다. 같은 말이라도 "세월이 가도 몸매는 여전히 변함없네"라거나, "옷도 참 잘 맞추어 입었네"라고 하면 얼마나 좋을까. 말 한마디가 천 냥 빚을 갚는다지 않던가.

나는 경쟁 많은 사회에서 살아남기 위해 칭찬보다는 꾸지람을 더 많이 받았다. 선생님들이 장려하려는 의도였겠지만, 그 영향으로 무능하고 자신감 없으며 열등감에 사로잡힌 내가 된 것 같다. 이제야 알았으니 남을 탓하기 전에 '힐링'이라는 이름으로 스스로를 자유롭게 하기로 했다. 그리고 실행한 첫 프로젝트가 미술 교실이었다.

성인 학교에서 하는 동네 오일 페인트 클래스를 택했다. 15명 정도 되는 수업의 학생들은 대부분 3~5년 이상 그림을 그린 이들로, 평균 나이는 70쯤 되어 보였다. 백인 할머니 선생님인 배스는 수업 시간 대부분을 이야기하는 데 썼다. 나는 초보라 어디서부터 시작해야 할지 몰라 멋대로 그림을 그려보았다. 모두가 비웃는 듯 느껴졌다. 옆자리의 5년 경력자 조이스는 내 그림을 보고 "인상주의(Impressionist) 그림 같다"고 했다. 무슨 뜻이냐고 물으니, "자유롭게 제멋대로 그렸다"는 의미란다.

일주일간 열심히 그렸지만, 선생님은 내 그림 위에 덧칠하라며 다시 지시대로 그리라고 했다. 다만, "너무 급하게 그리지 말라"면서도 내 성의를 칭찬해 주었다. 처음에는 실망스러웠다. 또 열등감이 고개를 들었다. 그렇게 라인댄스는 한 달 만에 그만뒀고, 골프도 몇 번 치다 말았다. 비싼 골프 클럽은 차고에서 먼지만 쌓였다. 노력도 하지 않고 남을 탓하며 포기했던 내 모습이 자업자득이라는 것을 깨달았다.

이제는 다르다. 미술 교실은 매주 수요일 2시간씩 열린다. 이번에는 남 탓하지 않고 꾸준히 해보려고 한다. 천재도 99%는 노력이고, 1%만 타고난다고 하지 않았던가. 앞치마를 두르고 붓을 들어 물감을 섞어본다. 내일은 또 다른 날이 기다리고 있지 않을까. 배스 선생님은 매번 나를 칭찬해 준다. "잘하고 있다"라는 그 말이 수요일 미술 시간을 기다리게 만든다.

탈린

탈린은 에스토니아의 수도로, 북유럽 발트해 연안 북동쪽에 자리한 항구 도시다. 1991년 소련에서 독립한 이후, 에스토니아는 자주적인 국가로 성장했다. 이곳의 날씨는 여름에만 잠시 70도(℉)에 이르며, 나머지 세 계절은 대체로 추운 편이다.

작은 카페에서 식사를 했는데, 소시지를 넣어 만든 샌드위치는 우리가 익숙한 서브웨이 샌드위치와 크게 다르지 않았다. 그곳에서 일하는 두 명의 젊은 남성은 키가 크고 어깨가 떡 벌어진, 유럽 전형의 미남이었다. 그들은 밝은 미소로 서빙하며 서툰 영어와 손짓, 몸짓으로 친절하게 소통했다.

탈린의 건축물은 바로크 양식이 주를 이루며, 양파 모양의 지붕과 정교한 장식이 인상적이었다. 도시의 미학적 아름다움은 감탄을 자아냈다. 특히 고딕 양식의 시청사 전망대에서 내려다본 전경은 이곳 여행의 하이라이트였다. 15세기에 건설된 Kiek in de Kök 성벽은 주변 강대국들의 침략을 막기 위해 세워졌다. 높이 38m, 두께 4m에 이르는 이 성벽은 당시 기준으로도 매우 견고한 요새였으며, 동시대에 이만한 방어력을 갖춘 성벽은 흔치 않았다고 가이드는 설명했다.

에스토니아는 작은 나라다. 거대한 강대국들 사이에서 생존을 위한 치열한 경쟁을 벌여온 역사가 마치 한반도를 떠올리게 했다. 동쪽에는 옛 소련, 북쪽에는 핀란드와 스웨덴, 서쪽에는 노르웨이, 남쪽에는 독일이 자리하고 있다. 탈린은 1154년에 발트해 연안에 세워졌으며, 600년의 세월 동안 손상이나 파괴 없이 원형을 유지한 건축물들이 많아 더욱 특별한 도시로 평가받는다.

러시아와 폴란드의 오랜 지배를 받아온 탓에 에스토니아의 문화와 생활양식은 서구적 영향을 많이 받았다. 중세 시대에 지어진 건축물들은 비슷한 형태를 띠며, 벽돌 건물들이 길게 이어진 모습은 조상들의 미적 감각과 선진적인 사고를 엿보게 했다. 이러한 유산은 존경심을 불러일으켰다. 현재 탈린의 인구는 약 50만 명, 에스토니아 전체 인구는 150만 명 가량이며, 1인당 연평균 소득은 약 2만 달러에 달한다고 가이드는 덧붙였다.

우리의 가이드는 에스토니아에서 국비 장학금을 받아 트럼펫을 공부하고 있는 한국인이었다. 그는 한국에서 음악대학을 졸업한 후 이곳에서 학업을 이어가고 있다고 했다. 키가 크고 가냘픈 청년이었다. 마침 가랑비가 간헐적으로 내리다가 멎기를 반복했다. 우리는 빗속에서 모여 가이드의 설명을 들었고, 목이 서늘해져 목도리를 둘렀다. 준비해 온 비옷이 요긴하게 쓰였다. 이곳에서는 여름이 짧고 햇빛이 귀해, 사람들이 늘 따스한 날씨를 그리워한다고 한다. 문득 '캘리포니아의 햇빛을 가져다 팔면 어떨까?' 하는 엉뚱한 생각이 스쳐 지나갔다. 피식 웃으며, 내가 사는 오렌지카운티의 온화한 기후가 새삼 감사하게 느껴졌다.

유럽은 일찍이 문화와 건축, 종교적으로 발전하여 수많은 성당과 교회를 세웠고, 후손들은 이를 관광산업으로 활용하며 경제를 구축하고 있었다. 하지만 한편으로는 이런 유산이 후손들을 안일하게 만들 수도 있다는 생각도 들었다. 또한, 이렇게 아름다운 건축물들이 세워질 당시, 귀족들과 상류층은 풍요로웠겠지만, 그 이면에서 얼마나 많은 평민들이 희생되었을까 하는 의문이 들었다.

그럼에도 불구하고, 탈린은 1441년, 지금으로부터 600년 전에 올드타운 광장에 최초로 크리스마스트리를 장식한 곳으로도 알려져 있다. 이는 종교적으로 하나님을 먼저 알고 인정한 나라였음을 보여준다. 선견지명이 있었던 민족임을 다시금 깨닫게 된다.

여행은 낯선 나라의 아름다움과 장점을 발견하는 기회다. 그 속에서 배우고, 내 삶에 더 나은 경험을 쌓아가기를 기대해 본다.

자이언스 협곡 여행기

나이를 먹어도 여행이라는 단어는 마음을 들뜨게 한다. 이번 여행은 남전도회 회원들이 며칠 전부터 설레는 마음으로 의논을 거듭한 결과였다. 은퇴 후 빠듯한 살림에서 여행 경비를 마련한다는 것이 쉬운 일은 아니었지만, 모두가 기쁜 마음으로 동참했다. 좋은 호텔과 다양한 음식을 제공하는 뷔페로 계획을 잡았고, 고령의 회원들을 고려하여 건강하게 여행을 즐길 수 있는 세심한 배려가 더해졌다.

드디어 여행의 날, 아침 8시가 되자 교회 주차장은 24명의 남녀 노인들로 북적였다. 이번 수련회는 특별히 부인 동반으로 이루어졌다. 혹시라도 응급 상황이 생길 경우를 대비하여 아내가 함께한다는 점에서 모두가 안심할 수 있었다.

우리의 목사님 두 분은 직접 운전사로 나섰다. 얼마나 든든한지 모른다. 사실 얼마 전, 남편이 운전 중 내려야 할 고속도로 출구를 지나치고 나를 당황하게 했던 일이 있었다. 그 이후로는 남편과의 장거리 여행은 상상도 하지 못하겠다. 한때 GPS보다 정확하다며 자신만만했던 남편의 모습은 이제 추억이 되었다. 나이 앞에서는 누구도 어쩔 수 없는 모양이다.

중간 기착지 바스토우를 지나 우리는 라스베이거스를 넘고 모스키트(Mesquite)에 위치한 버진 리버 호텔(Virgin River Hotel)에서 여정을 풀었다. 이곳에서 왕복 2박을 하게 되었는데, 몇 해 전에도 이곳에 머물렀던 기억이 떠올랐다. 어제 일을 기억하지 못할 때도 있는데, 이 호텔이 떠오르는 걸 보니 꽤나 인상 깊었던 모양이다.

저녁 식사로 나온 프라임 비프스테이크는 적당히 익은 고기에 옥수수와 감자구이로 구성된 단출한 메뉴였지만, 맛이 일품이었다. 고기를 잘 먹지 않는 회원들도 이 맛있는 음식을 즐기는 모습이 행복해 보였다.

다음 날, 협곡으로 향하는 길은 구불구불한 산길이었다. 차창 밖으로 펼쳐진 광활한 풍경과 붉은 암벽은 경외심을 불러일으켰다. 어느덧 파랗게 변한 세상과 그 사이사이 자리 잡은 이름 모를 선인장들. 차 안의 사람들은 그것을 보며 "무지개떡 같다", "시루떡 같다"며 웃음을 터뜨렸다. 모두 배가 고픈 탓인지 풍경이 음식으로 보였던 모양이다.

협곡 곳곳에는 등산로가 잘 마련되어 있었다. 시니어들의 몸 상태를 고려하여 비교적 쉬운 코스인 화이트 돔(White Dome)을 오르기로 했다. 멀리서만 보던 바위를 직접 걷는 경험은 이번 여행의 특별한 선물이었다. 바위 사이를 지날 땐 바람과 그늘이 있어 한결 시원했지만, 햇볕이 내리쬐는 곳에서는 옷을 벗어가며 걸었다. 문득 우리네 인생길도 이와 같다는 생각이 든다. 콧노래를 부르며 걷던 때가 있었는가 하면, 암초에 걸려 허덕일 때도 있었다.

그러면서도 결국 이겨내며 여기까지 온 삶에 감사했다.

돌아오는 길은 끝이 보이지 않는 광활한 사막이었다. 조슈아트리가 각기 다른 모습으로 서 있는 풍경은 마치 사람들의 각기 다른 성격과도 같아 보였다. 사막 한복판을 가로지르는 고속도로는 현대 문명이 우리에게 주는 큰 축복인지 새삼 깨닫게 했다.
몸은 고단했지만, 차 안에서 누군가 선창으로 시작한 4부 합창은 웅장했다. 성가대 생활을 오래 해온 회원들이 부르는 찬송은 마치 달리는 합창단 같았다. 서로 농담도 나누고 웃음을 터뜨리며, 먼 길도 지루할 틈 없이 지나갔다.

짧은 여행의 마지막 일정은 예상치 못한 감동으로 마무리되었다. 예정에 없던 저녁을 가든그로브에 있는 한 중국식당에서 먹게 되었는데, 담임 목사님께서 우리를 주차장에서 반갑게 맞아주셨다. 그 따뜻한 환영은 돌아오는 길의 쓸쓸함을 단번에 씻어주었다. 게다가 목사님께서 우리의 저녁값까지 내주셨다는 이야기를 듣고 감사와 미안함이 교차했다. 남은 여행비를 교회 헌금으로 대신하며 짧았지만 풍성했던 여행을 마무리했다.

이틀 후 부흥회에서 다시 만날 것을 약속하며 교회 주차장을 떠나는 발걸음이 가볍고도 기뻤다. 몸은 피곤했지만, 많이 웃고 많이 감사할 수 있었던 여행이었다. 나이를 먹는 것이 이토록 큰 축복임을 새삼 깨닫는다.

제6부

바다가 울고 있다

오랜만의 재회

오랜 시간이 흘렀다. 시골 초등학교를 함께 다녔던 동창 세 남자가 40여 년 만에 다시 만나는 특별한 겨울 여행을 계획했다. 한 명은 시카고에서, 또 한 명은 한국에서, 그리고 마지막 한 명은 헌팅턴비치에서 출발하여 모두 애리조나 피닉스에서 만나기로 했다. 시카고에 사는 친구가 혹독한 겨울을 피해 애리조나에 별장을 마련한 덕분이었다.

남편과 나는 이 여행을 손꼽아 기다렸다. 주된 일정은 골프였지만, 나의 실력으로는 경험 많은 친구들에게 미안한 마음이 들었다. 그러나 오랜 친구들과의 만남을 포기할 수는 없었다.
차창 밖으로 펼쳐지는 사막 풍경은 나의 눈을 사로잡았고, 길게 이어진 여정도 지루하지 않았다. 이름 모를 선인장들이 늘어선 사막, 건조한 땅 위에 피어난 분홍색과 황금색의 꽃들, 그리고 남가주와는 또 다른 모습의 애리조나 자연이 우리의 마음을 사로잡았다.

도착한 친구의 별장은 골프장과 인접한 새로 개발된 지역에 자리 잡고 있었다. 집집마다 선인장과 돌로 꾸며진 정원이 마치 사막의 자연을 재현해 놓은 듯했다.

오랜만에 만난 세 친구는 순간 40년의 세월을 뛰어넘어 환호성을 지르며 서로를 끌어안았다. "얼마 만이냐?", "오래 살다 보니 이렇게 다시 만나는구나!", "옛날 그대로네!"라며 감격스러워했다. 그들은 낄낄거리며 어린 시절의 추억과 그 때 주고받던 유머를 떠올렸고, 우리 세 여자도 그들의 웃음 속으로 자연스럽게 빠져들었다. 얼마나 웃었는지, 몸속에서 엔도르핀이 솟아나는 기분이었다.

친구 미스터 곽은 무역업으로 성공한 사업가였지만, 대학 시절과 군대 시절의 고생담을 회상하며 그 시절을 그리워했다. 특히 군대에서 휴가를 나올 때면 미스터 김의 하숙집을 찾아 내복을 갈아입어야 했다는 이야기는 우리 모두를 웃게 만들었다. 당시에는 가난했지만, 그들은 그것을 하나의 과정으로 여기며 당당하게 살아갔다.

우리 세 여자도 함께 시간을 보내며 자연스럽게 가까워졌다. 특히 미세스 곽의 배려 깊은 성격과 뛰어난 음식 솜씨는 우리를 더욱 따뜻하게 만들었다. 그녀를 보며 독일 시인 브레히트의 한 구절이 떠올랐다. "나는 알고 있다. 행복한 사람만이 인기가 있고, 그런 사람의 말소리에 사람들이 귀를 기울인다는 사실을." 그녀는 그 말처럼 늘 생기 넘치고 따뜻한 사람이었다. 나는 그녀를 보며 나도 그렇게 다가가고 싶다고 생각했다.

여행을 통해 나는 새로운 깨달음을 얻었다. 친절은 단순한 행동이 아니라 삶의 방식이며, 사랑을 받기보다 먼저 베풀어야 한다는 성 프란체스코의 기도를 다시금 뇌새겼다.

미세스 곽과 미세스 김 역시 각자의 삶에서 어려움을 겪었지만, 서로를 이해하며 살아가는 법을 배워왔다. 나 또한 이번 여행을 통해 인간관계에서의 배려와 사랑의 가치를 다시금 깨닫게 되었다.

골프 실력은 부족했지만, 누구도 그것을 탓하지 않았다. 블랙스톤 골프클럽의 끝도 없이 펼쳐져있는 정리된 파란 잔디들은 잘 자른 이발사의 머리 만큼이나 반듯하다. 친절한 사람들, 맛있는 음식, 그리고 화창한 날씨까지 모든 것이 완벽했다. 40년 만에 다시 만난 친구들과의 칠 박 팔 일은 살아있음에 대한 감사와 행복을 느끼게 해준 값진 시간이었다.

우리는 내년을 기약하며 서로의 건강을 빌었고, 캘리포니아로 향하는 길 위에서도 여전히 어린 시절의 추억에 젖어 있었다.

바다가 울고 있다

굴착 장치와 연결된 송유관이 파손되면서 기름 유출 사고가 발생했다. 당국은 헌팅턴비치에서 뉴포트비치까지 이어지는 6마일 구간의 해안 출입을 금지하고 복구 작업에 착수했다.

이 소식을 듣자마자 나는 헌팅턴비치로 나가보았다. 내가 40여 년 동안 살아오며 지켜본 바닷가 중 그날의 모습이 가장 끔찍했다. 이동식 화장실이 쉰 개도 넘게 줄지어 있었고, 해변 곳곳에 어지럽게 배치되어 있었다. 어디서 나는 냄새인지 모를 악취가 코를 찔렀고, 해변은 온통 엉망이었다.

특히 탈버트 마시(Talbert Marsh) 습지대에는 90종의 조류가 서식하고 있어 추가 피해가 우려된다고 했다. 바다를 바라보며 나도 모르게 눈물이 흘렀다. 마치 바다도 울고 있는 것 같았다. 인간들이 제멋대로 자연을 훼손하고 남용한 데 대한 슬픔이 밀려왔다. 나는 모든 사람을 대신해 바다에게 조용히 사과했다.

팬데믹으로 지난 2년간 행사가 없던 탓인지, 10월 2일 토요일 열린 에어쇼에는 15만 명이 헌딩딘비치에 몰려들었다. 미국 독립기념일에 10만 명이 모였던 기록을 훌쩍 뛰어넘는 수치였다. 발 디

딜 틈조차 없을 정도였다.

에어쇼가 열리는 매년 10월이 되면, 하늘과 땅이 초음속 비행기의 굉음으로 뒤덮인다. 올해도 예외는 아니었다. 행사 일주일 전부터 시작된 비행 연습 소음은 귀를 찢을 듯했고, 나는 귀마개를 한 채 집 안에 머물렀다. 우리 집 지붕 위를 지나가는 전투기의 폭음은 마치 전쟁이 난 것처럼 느껴졌다. 한국전쟁 당시도 이와 같지 않았을까 생각하니, 에어쇼가 단순한 쇼가 아니라 두려움으로 다가왔다.

그런데 이번 에어쇼에서는 새로운 일이 벌어졌다. 시 당국은 해변을 가로막고 게이트를 설치한 뒤 입장료를 받기 시작했다. 41년 동안 헌팅턴비치에 살았지만, 바다를 막고 돈을 받는 것은 처음 있는 일이었다. 바다는 하나님이 누구나 즐기라고 주신 곳인데, 돈을 내야만 들어갈 수 있다니… 마치 '봉이 김선달'이 대동강 물을 팔아먹던 것과 다를 바 없어 보였다.
그런데 토요일 밤, 예상치 못한 일이 벌어졌다. 기름 유출이 발생했다는 긴급 뉴스가 전해진 것이다. 결국, 주일인 다음 날 모든 해변이 봉쇄되었고, 에어쇼를 비롯한 모든 행사가 취소되었다. 수많은 방문객과 상인들이 허탈한 마음으로 일찍 떠나야 했다.

남편과 나는 교회에서 예배를 드린 후 다시 바닷가로 나가보았다. 행사 잔해들이 이곳저곳에 흩어져 있었고, 기름으로 오염된 바다는 힘없이 출렁이고 있었다. 마치 나를 향해 "빨리 도와달라"고 손짓하는 것만 같았다. 더 이상 차마 바라볼 수 없어 발길을 돌렸다. 그저 화가 났다. 누가 저토록 죄 없는 바다를 망가뜨렸단 말인가? 자기 이익만을 좇는 인간들의 탐욕이 미워졌다.

이 소식은 삽시간에 전 세계로 퍼져나갔다. 한국에 있는 가족들도 내 안부를 걱정하며 연락을 해왔다. 헌팅턴비치는 내게 특별한 곳이다. 1974년 미국에 처음 왔을 때, 하늘나라로 먼저 떠난 오빠와 교회 식구들이 함께 모여 캠프파이어를 피우고 기타를 치며 찬송가를 불렀던 추억이 서려 있는 곳이기 때문이다.

사고 발생 일주일 후, 해변 접근이 허용되었다는 반가운 소식이 들려왔다. 다행히 헌팅턴비치 시가 수질 조사를 진행한 결과, 인체에 해로울 정도의 독성이 검출되지 않았다고 한다. 당국은 사고 원인을 규명하고 복구 작업과 토양 채취 조사를 진행 중이며, 수도국과 담수화 공장과도 협력하고 있다고 밝혔다. 하루빨리 바다가 본래의 모습을 되찾기를 간절히 바란다.

바닷가는 단순한 자연의 일부가 아니다. 물고기와 새들의 보금자리이며, 외로운 사람, 기쁜 사람, 슬픈 사람 누구나 찾아와 마음의 평안을 얻을 수 있는 곳이다. 헌팅턴비치는 '서프 시티(Surf City)'라는 별명답게 서핑의 성지이기도 하다. 밤이 되면 캠프파이어를 피우고, 장작을 때며 노래를 부르고 기타를 칠 수 있는 그런 해변이 다시 돌아오기를 간절히 기도해본다.

볼몬-제퍼슨 클리닉

나는 1974년 간호사로 이민을 왔다. 돌아보니 미국 땅을 밟은 지 어느덧 반세기가 흘렀다. 50년을 이곳에서 살았으니 나는 이제 미국 사람일까, 아니면 한국 사람일까?

미국에서 40년을 간호사로 보냈다. 간호사 면허를 1975년에 취득하고 처음 일하게 된 곳은 USC 대학 근처의 볼몬-제퍼슨 클리닉이었다. 당시 그 지역은 치안이 좋지 않았다. 권총 범죄율이 높았고 길을 걷다 보면 자동차 뒤로 물병이 날아오는 일도 다반사였다. 주민들은 대부분 흑인이었고 소수의 히스패닉도 거주하는 동네였다. 낮에도 밤에도 걸어 다니기 어려운 곳이었다.

그곳에서 함께 일한 의사는 토머스 터너(Thomas Turner)라는 흑인 외과 의사였다. 그는 외래 병동의 원장이었고 여섯 명의 자녀를 둔 독실한 천주교 신자였다. 언제나 친절했고 환자뿐만 아니라 나에게도 따뜻한 사람이었다.

1년 후 한국으로 휴가를 떠나기 전날 동료들과 송별회를 가졌다. 클리닉 직원들이 나를 위해 식당에서 자리를 마련해 주었다. 그들의 따뜻한 배려가 참 고마웠다. 이후 내가 집을 샀을 때도 터너는 아내와 함께 방문해 축하해 주었다. 어느해 크리스마스에 남편 친구가 시카고로 우리 가족을 초대했다. 그곳은 너무 추운 곳이라 한 살 된 딸을 데려가지 못할까 고민하고 있었다. 내 사정을 전해 들은 터너는 망설이는 나를 보고 자신의 집에서 아이를 돌봐주겠다고 했다. 그의 여섯 자녀는 내 딸을 마치 인형처럼 귀여워하며 놀아주었고 터너는 언제든 베이비시터가 필요하면 연락하라고 했다. 그 친절이 부담스러울 정도였다. 혹시 그가 나에게 특별한 감정을 가지고 있는 것은 아닐까 하는 의심도 들었다.

흑인들은 가족 중심적인 문화가 강했다. 할머니, 할아버지를 존경하며 대가족이 함께 모여 사는 모습이 한국과 닮았다. 일처리를 느슨하게 하면서도 정에 약한 면도 비슷했다. 때로는 나쁜 일인 줄 알면서도 눈 감아 주는 모습도 보였다.

그로부터 1년 후, 남편이 오렌지카운티로 직장을 옮기게 되면서 나도 병원을 떠났다. 얼마 지나지 않아 닥터 터너의 아내가 수술 합병증으로 세상을 떠났다. 터너는 몇 년 동안 홀로 지내다 인도 출신의 젊은 여의사와 재혼했다. 50세가 넘어서 또다시 아들을 얻었다는 소식을 들었다.

몇 년 후, 터너와 연락이 닿아 한 시간 넘게 운전해 노스리지에 있는 그의 병원을 찾아갔다. 우리는 일본 식당에서 점심을 먹었다. 여전히 그는 예전처럼 식사 값을 기꺼이 계산했다. 미국에서는 더치페이가 일반적이지만 터너는 항상 인심이 후했다. 그는 지갑에서 7살 난 아들의 사진을 꺼내 보여주었다. 하지만 첫 번째 아내와의 여섯 자녀에 대해서는 단 한마디도 하지 않았다. 인도에서도 귀족 가문 출신인 아내와 성대한 결혼식을 올렸다며 지랑스러워했다. 남자란 결국 다 그런 걸까. 나이가 들어도 젊은 여자가 더 좋은 걸까 하는 쓸쓸한 생각이 스쳤다.

　미국에서의 첫 직장은 나에게 많은 것을 가르쳐 주었다. 혈압과 맥박을 재고 외래 수술을 보조하며 차츰 업무에 익숙해졌다. 그러나 무엇보다 어려웠던 것은 흑인들의 독특한 억양을 이해하는 것이었다. 처음에는 전화 통화조차 힘들었지만 시간이 지나면서 귀가 트이고 입이 열렸다. 덕분에 지금도 흑인들과의 대화는 어렵지 않다. 7년이라는 시간 동안 그들의 문화를 배우고, 그들의 따뜻함을 경험했다.
　첫 직장은 단순히 일을 배우는 곳이 아니었다. 그것은 나를 성장시키고 세상을 이해하는 눈을 넓혀 준 곳이었다.

실버아카데미

우리 교회에서 실버아카데미를 시작한 지도 어느덧 2년이 되었다. 처음에는 단순한 호기심에서 등록했지만, 시간이 흐를수록 기대 이상으로 즐겁고 보람찬 시간을 보내고 있음을 깨닫는다. 무엇보다도 가르치는 선생님들의 열정은 마치 일류 대학 교수 못지않다. 그리고 빼놓을 수 없는 또 하나의 즐거움, 바로 점심 식사! 이는 금상첨화, 환상 그 자체다.

점심 준비는 두 팀의 자원봉사자들이 돌아가며 맡고 있는데, 그들의 요리 솜씨는 한국의 어느 한정식집 부럽지 않다. 정갈하고 건강한 자연식 밥상은 우리에게 기쁨과 감사함을 더해준다. 이 글을 통해, 묵묵히 수고해 주신 모든 분들께 늦게나마 깊은 감사의 마음을 전하고 싶다.

아카데미의 하루는 아침 9시 30분 예배로 시작된다. 10시에는 특강, 11시 30분에는 노래교실, 12시 30분에는 라인댄스를 마치고 기다리던 점심시간이 찾아온다. 한 시간 동안의 점심 식사 후, 각자가 선택한 과목을 듣고 오후 2시 30분이면 종강의 벨이 울린다. 선택 과목은 동양화, 붓글씨, 서양 요리, 크래프트(양초·화장품 만들기), 요가, 스마트폰 활용법, 뜨개질, 시 창작 등 다양히다.

그중에서도 2교시 특강, 김 목사님의 '노인학' 강의는 늘 시간

가는 줄 모를 만큼 재미있고 유익하다. 유머와 지혜가 넘치는 강의를 듣고 있으면 한 시간이 늘 아쉽기만 하다.

강의에서 우리는 '노인'이란 무엇인지 깊이 생각해보는 시간을 갖는다. 유엔 헌장에 따르면, 65세가 넘으면 공식적으로 노인이 된다. 그러나 노인에게는 단순히 나이가 들었다는 의미를 넘어, 권리와 의무가 있음을 배운다. 그렇다면 우리는 어떤 자세로 살아가야 할까? 김 목사님께서 전해 주신 노인의 삶의 지침을 되새겨 본다.

첫째, 행동과 삶이 일치해야 하며, 남들에게 삶의 귀감이 되어야 한다. 존경받는 노인은 본인의 삶으로 그것을 증명한다.
둘째, 사회에 적극적으로 참여하고, 성실함을 원칙으로 삼아야 한다.
셋째, 정신적으로는 복학한 대학생처럼 호기심을 잃지 않고, 사랑이 넘치며 부지런한 사람이 되어야 한다.
넷째, 돈은 호주머니 속의 권력이다. 경제적으로 관대하며, 대접받기를 원하면 먼저 대접해야 한다.
다섯째, 위선과 편견, 아집을 내려놓고 자녀들과 열린 마음으로 소통하라.
여섯째, 얼굴은 가치관을 비추는 거울이다. 하나님의 사랑이 깃든 미소로 따뜻한 얼굴을 유지하라.
일곱째, 홀로 서는 연습을 하라. 우리는 누구나 언젠가 혼자가 될 수 있다.
여덟째, 나눔과 봉사 활동을 실천하라.
아홉째, 늘 움직이며 늙음에 적응하고, 느끼고, 생각하며 살아라.

이것이 진정한 웰에이징(Well-Aging)이다.
열번째, 남의 말을 잘 들어 주되, 말은 신중하게 하라.

말에는 에너지가 있으며, 때로는 악의 씨앗이 될 수도 있다. 인간관계에서 갈등이 생길 때, 우리는 마음속으로는 미안해하지만, 그것을 행동으로 표현하는 데는 오랜 시간이 걸릴 때가 많다. '이 세상에서 가장 긴 기차는 머리에서 가슴까지 내려오는 기차'라는 말처럼, 사과와 화해는 빨리할수록 좋다.

노인학 강의를 들으며 깨닫는다. 나이 들어가는 것은 피할 수 없지만, 어떻게 살아갈지는 우리의 선택이다. 사는 날까지 열정을 가지고 배우고, 나누고, 사랑하는 것. 그것이야말로 하나님이 우리에게 주신 마지막 선물이 아닐까.

실버아카데미는 단순한 배움의 장이 아니다. 그것은 삶의 지혜를 나누고, 새로운 열정을 찾으며, 서로에게 힘이 되는 따뜻한 만남의 광장이다. 이곳에서 나는 또 다른 삶의 의미를 배우고 있다. 그리고 그 배움은 계속될 것이다.

박완서 작가의 해산 바가지

박완서 작가의 단편소설 "해산 바가지"는 1985년에 쓰였으며, 그 특유의 감정 표현과 솔직한 문체가 독자들의 마음을 울린다.

이야기는 S의 친구 'K'의 며느리가 연거푸 손녀만 둘을 낳아 속상해하는 이야기로 시작된다. 'K'는 조상 대대로 이어온 대가 끊길 것을 걱정하며 본인의 며느리가 딸만 낳은 것에 대해 불만을 토로한다.

이러한 대화는 딸을 선호하는 현대 사회와의 세대 차이를 극명하게 보여준다. 지금은 딸을 선호하는 세상인데 세대 차이가 나는 작품인 것을 느낄 수 있었다. 두 친구는 자기들의 마음을 스스럼없이 드러내며 이 세상에 두려운 것이 없는 양 떠들고 있다.

친구 'S'는 네 명의 딸을 낳았지만, 천금 같은 손녀라고 귀히 여겨준 시어머니 덕분에 큰 어려움 없이 살아왔다. 하지만 세월이 흘러 시어머니가 치매에 걸리면서 더 이상 함께 살기 어려운 상황이 되었다. 결국, 아들과 며느리는 시어머니를 모실 요양원을 찾아 나선다. 포장도로도 나 있지 않은 길을 걸으며 노인들의 천국이라는 소문만 듣고 한 암자를 찾아 헤맨다. 길을 걷다 보니 벼가 누렇게 익어가고 코스모스가 피어 있는 시골 풍경이 눈에 들어온다. 그러던 중 어느 초가집 지붕 위에 널려 있는 해산 바가지를 보고, 시어머니가 해산할 때마다 그 바가지로 정성껏 간호해 주던 기억이 떠오른다. 환자가 된 시어머니에 대한 연민이 생기며 옛 추억이 주마등처럼 스쳐 지나간다.

30년 전, 친구 'S'는 과부의 외아들과 결혼하게 되었다. 친정에서는 전형적인 과부 외아들의 며느리가 겪는 어려움을 걱정하며 반대했지만, 정작 처음 만난 시어머니는 친정어머니와는 달리 따뜻하고 정 많은 분이었다. 시어머니는 한글을 깨치지 못했으나 사랑만큼은 확신에 차 있었다. 며느리가 2살 터울로 아이들을 다섯 명이나 나아도 소중한 내 손자라고 딸 아들 구별 없이 예뻐해 주고, 매일 밤 아이를 데리고 잤다. 밤이면 옆방에서 나지막하고, 그 윽한 소리로 자장가를 불러주었다.
'자장자장 우리 아기 잘도 잔다. 금자동아, 은자 동아, 금을 주면 너를 사랴, 은을 주면 너를 사랴, 자장자장 우리 아기 잘도 잔다.'
그 노랫소리가 얼마나 구수한지 옆방에서 듣고 있던 며느리도 잠이 오곤 했다.

세월이 흘러 손주를 다 기르고 시어머니가 일흔 고개를 넘으면서 고혈압에 걸리고 행동을 해괴망측하게 하였지만 아무도 의심을 안 했다. 또 한 번은 갑자기 심장마비에 걸려서 병원에 갔다. 다행히도 생각보다 신속하게 회복을 되찾았다. 그러나 시어머니의 기억력은 예전 같지 않았다. 달라진 시어머니는 똑같은 질문을 했다. 그럴 때마다 며느리는 진저리를 치면서 달아나기 일쑤였다.
"쌀 씻어 놓았냐? 저녁때가 다 되었다."
그러나 세월이 흘러가면서 시어머니는 점차 기억을 더 잃어갔다. 같은 질문을 반복하고, 망령이 심해지면서 며느리는 점점 지쳐간다.

어느 날 밤, 시어머니가 방문에 구멍을 뚫고 며느리를 바라보는 모습은 그녀에게 공포와 혐오감을 주었다. 며느리는 시어머니가 밤마다 새로운 핑계를 만들어가며 자신에 의존하는 모습에 점점 두려워졌다. 시어머니는 온갖 구실을 붙여 아들 곁에서 자겠다고 떼를 썼고 망령도 새로워졌다. 내복을 바꾸어 입히려면 동네가 떠들썩하게 실랑이를 쳤다. 그 모습을 본 파출부는 며느리를 무던한 효부라고 칭찬했다.

결국, 시어머니를 목욕시키던 어느 날, 며느리는 참았던 감정을 폭발시키며 거칠게 시어머니를 다루었고, 시어머니는 어린아이처럼 울었다. 그럴수록 며느리는 모질게 때를 밀었다. 마치 바람 넣어 팽팽한 고무풍선을 터트릴 것 같이 말이다.

그러던 중 지친 아내가 몸져누울 지경이 되자 보다 못한 남편이 아내와 함께 요양원을 찾아 나섰다가 해산 바가지를 보게 된다. 그 순간, 며느리는 넷째 아이를 낳고 병원에서 울고 있을 때, 시어머니가 첫째 딸과 넷째 딸을 다르지 않게 사랑해 주던 기억이 떠올랐다. 그녀는 시어머니가 생명을 소중히 여기고, 진심으로 가족을 사랑했던 모습을 되새기며 죄책감을 느낀다. 결국, 그녀는 시어머니를 정성껏 간호하기로 마음먹는다.

이 이야기는 현대의 젊은이들에게도 시사하는 바가 크다. 점점 개인주의화되어 가는 사회 속에서 부모 세대의 헌신과 사랑을 돌아볼 필요가 있다. 시어머니와 며느리의 관계는 단순한 갈등이 아니라, 서로를 이해하고 배려하는 과정임을 이 작품은 깊이 있게 보여준다. 젊은 세대가 이 글을 통해 가족 간의 사랑과 존중의 가치를 다시금 되새길 수 있기를 바란다.

그린랜드에서의 하루

우리를 태운 프린세스 크루즈는 그린랜드의 작은 항구 도시, 나노택(Nanortalik)에 닻을 내렸다. 이곳은 여전히 덴마크의 법과 통치 아래 있으며, 인구 천여 명 남짓한 작은 마을이다. 바다와 접한 조용한 항구에서 사람들은 자연과 더불어 살아가고 있었다. 그린랜드에 왔다 하니 마치 사람이 북극곰과 함께 사는 곳 같았다.

날씨는 일 년 내내 춥고, 오직 7월과 8월에만 섭씨 8도를 웃돈다고 했다. 그 때문인지 크루즈 선내에서는 연로한 승객이나 몸이 약한 사람들은 배 안에 머물라는 방송을 반복했다. 배는 수심이 얕아 항구에 바로 정박할 수 없었고, 승객들은 작은 통통배를 이용해 이동해야 했다. 한 번에 150명씩, 오고 가는 배를 타고 육지로 향하는 사람들의 표정에는 기대와 설렘이 묻어났다.

"그린랜드를 다시 올 기회가 있을까?"

남편과 나는 주저 없이 통통배 줄에 서서 순서를 기다렸다. 차가운 바닷바람이 옷 속을 파고들었지만, 가장 따뜻한 옷을 꺼내 입고 마후라와 장갑으로 단단히 무장한 채 발을 내디뎠다. 그날의 추위는 마치 내가 중학교 시절, 광화문에서 청운동까지 걸어가던 한겨울의 냉기를 떠올리게 했다.

도시의 첫인상은 마치 시간이 멈춘 듯했다. 200년 전 모습을 그대로 간직한 듯한 풍경 속에서, 언덕 위에 자리한 알록달록한 교회가 가장 먼저 눈에 들어왔다. 건물들은 덴마크 양식을 닮아 노랑, 빨강, 파랑 원색으로 칠해졌지만, 이곳의 차가운 공기와 묘하게 조화를 이루고 있었다. 곳곳에 남겨진 낡은 집들은 박물관처럼 관광객들에게 과거를 보여주고 있었다. 원주민들의 부엌, 녹슨 오븐, 그리고 얼어붙은 강에서 물고기를 잡는 그들의 모습이 담긴 사진들이 걸려 있었다.

놀랍게도, 그들의 얼굴은 동양인과 닮아 있었다. 먼 옛날, 만주에서 이주해 온 사람들이라는 이야기가 떠올랐다. 거리에서는 기타를 들고 관광객을 위해 노래를 부르는 사람들도 보였다. 익숙한 듯하면서도 이국적인 풍경 속에서, 우리는 찬바람을 피해 따뜻한 곳을 찾아 나섰다.

그러던 중, 작은 카페 하나를 발견했다. 백인 여성이 젊은 동양 남성과 함께 운영하는 곳이었다. 커피와 샌드위치를 팔고 있었다. 마치 사막에서 오아시스를 만난 듯 반가운 마음에, 가장 먼저 화장실을 이용하고 따뜻한 커피를 손에 쥐었다. 카페 주인은 친절했고, 미국산 커피 머신을 사용하고 있었다. 문명의 혜택이 이곳에도 닿아 있다는 것이 신기하면서도, 한편으로는 조금 아쉬웠다. 이국적인 풍경 속에서도 익숙한 것들을 발견하는 순간, 특별함이 조금 사라지는 것 같았기 때문이다.

그런데 크루즈 측에서는 이곳에는 커피숍도, 와이파이도, 심지어 화장실도 없다고 광고했었다. 왜 그런 엉뚱한 정보를 주었을까? 그 이유를 알 수는 없었지만, 우리는 작은 카페에서 따뜻한 커피를 마시며 잠시나마 여행자의 쉼을 누릴 수 있었다.

나노택은 바다에 둘러싸여 있어 공기가 신선했고, 도시의 공해라고는 찾아볼 수 없었다. 사람들은 순박해 보였고, 언어는 통하지 않았지만 친절한 미소가 오갔다. 거리 곳곳에 적힌 덴마크어 표지판은 우리에게 너무나 낯설었다. 알파벳을 쓰고 있지만, 어떤 글자는 마치 영어를 거꾸로 써놓은 듯해 발음조차 어려웠다. 문득, 이런 어려운 언어 체계가 혹시 원주민들이 쉽게 배우지 못하도록 일부러 만들어진 것은 아닐까 하는 생각이 스쳤다.

일본 식민지 시절, 우리나라 사람들이 교육을 받지 못하도록 했던 역사가 떠올랐다. 하지만 이곳에는 덴마크 기업들이 자리 잡고 있었고, 조선업과 수산업이 발달해 있는 듯 보였다. 덴마크가 이곳 주민들을 위해 기회를 제공하는 것일까? 아니면 또 다른 방식의 통제일까? 생각이 깊어졌다.

어쨌든, 우리는 어렵게 찾아온 그린랜드에서 신선한 공기와 차가운 바람을 온몸으로 맞으며 이곳의 풍경을 마음에 담았다. 다시 올 기회가 있을지 모르겠지만, 이곳에서의 하루는 오랫동안 기억에 남을 것 같다.

잃어버린 샌들 한 짝

Indian Summer가 시작되는 신호일까? 올해 8월은 유난히도 뜨겁다. 견디기 힘든 더위가 우리를 바다로 내몰았다. 요즘 헌팅턴 비치는 그야말로 인산인해다. 방학철이라 주중과 주말을 가리지 않고 모래알만큼이나 많은 사람들이 해변을 가득 메우고 있다. 마치 한국의 해운대를 방불케 한다. 우리도 그 대열에 동참해야 할 것 같은 분위기에 못 이겨, 토요일 아침 바다로 향했다.

평소처럼 가벼운 마음으로 훌쩍 다녀오려던 계획과는 달리, 오늘은 작은 백팩에 물 두 병, 타월 두 개, 짧은 바지에 샌들까지 챙겨 제법 완전한 해변 차림을 갖추었다. 맨발로 모래 위를 걷기 시작한 지 채 1분도 되지 않아 발바닥이 화롯불 위를 걷는 듯 달아올랐다. 하지만 발가락 사이로 스며드는 모래의 감촉은 간지럽기도 하고, 보드랍고 시원한 느낌을 주었다. 남편은 뜨거운 모래가 무좀에 좋다며 신이 나서 이야기했다.

나는 육지와 바다가 맞닿는 해변 끝자락을 걷는 것을 좋아한다. 미국 서부의 맨 끝에서 태평양을 바라보며 걷는다는 자부심 때문일까. 하얀 태양 아래 수많은 사람들이 저마다의 방식으로 거센 파도와 어울리며 여름을 만끽하고 있었다. 다양한 인종과 각기 다른 생김새, 다채로운 옷차림이 어우러진 모습이 흥미로웠다. 흰 사람, 노랑 사람, 검은 사람. 비키니를 입은 아름다운 몸매의 여성들, 여름을 위해 근육을 키운 젊은이들이 자신감을 뽐내고 있었다. 긴 치마, 짧은 바지, 뚱뚱한 몸매도 스스럼없이 드러내며 마지막 여름을 즐기는 모습이 인상적이었다. 역시 미국이다. 다르다고 해서 나쁜 것이 아니고, 다르다고 해서 틀린 것이 아닌 나라.

그렇게 군중 속을 30분쯤 걸었을까. 갑자기 남편의 백팩에서 샌들 한 짝이 떨어졌다. 그런데 다른 한 짝이 보이지 않았다. 어디에서 잃어버린 걸까? 남편이 손에 들고 가겠다고 했지만, 내가 우겨서 내 샌들과 함께 백팩에 넣었던 것이 화근이었다. 뜨거운 모래밭을 지나야 하고, 맨발로 걸어야 할 먼 아스팔트길을 생각하니 남편에게 미안한 마음이 들었다. 우리는 걸어왔던 길을 되돌아가며 잃어버린 샌들을 찾기로 했다.

사람이 많은 곳에서 떨어졌다면 누군가 보고 알려주지 않았을까? 아니면 사람이 뜸한 백사장에서 사라진 걸까? 값으로 따지면 보잘것없는 샌들이지만, 내 발에 꼭 맞아 편했던 신발이었다. 얼굴부터 온몸을 다 닦은 후에야 차례가 돌아오는, 대접받지 못하는 발. 온 땅의 먼지를 뒤집어쓰면서도 불평 없이 우리 몸을 지탱해 주는 발. 늙어서는 삶과 죽음을 가르는 역할을 하는 발. 그 발을 감싸 보호해 주었던 샌들의 소중함이 새삼 느껴졌다.

우리는 주위를 샅샅이 살피며 발걸음을 재촉했다. 남편은 혹시 파도에 휩쓸려 갔다 해도 다시 밀려나올 것이라며 나를 안심시켰다. 목적을 가지고 걷다 보니 힘든 줄도 몰랐다. 그래서 사람은 죽는 날까지 목표를 가지고 살아야 하는가 보다.

거의 출발 지점에 다다랐을 때였다. 멀리서 온몸에 바닷물을 머금고, 모래에 뒤덮인 채 지친 모습으로 내게 손짓하는 듯한 샌들이 보였다. 초록색의 눈만 빼꼼이 내놓고, 마치 나를 기다리고 있었다. 나의 품을 잠시 떠났던 탕자를 다시 만난 기분이 이보다 더 할까? 거센 파도에 휩쓸리고, 모래 속에서 짓밟히며 얼마나 고생이 많았을까. 다시는 내 손에서 놓치지 않으리라. 다시는 내 발을 떠나지 않게 하리라.

여전히 뜨거운 태양 아래, 나는 샌들을 다시 신었다. 되찾은 샌들과 함께 돌아오는 길은 마냥 가볍고 행복하기만 했다.

여권

한국에 갈 날이 열흘밖에 남지 않았다. 그런데 함께 가는 딸 가족 중에서 딸과 사위는 여권이 있지만, 아이들 세 명은 아직 준비가 되지 않았다. 서류를 보낸지 5주가 되었으나 연락이 없다. 다급한 김에 비싼 급행료를 지불해도 7일은 넉넉히 더 걸린다고 한다. 한국에 가야 할 시간이 빠듯하다. 이미 비행기 표도 샀고 여행 준비도 마쳤는데, 여권이 나오지 않으면 낭패다.

미국에서 태어난 한국인 사위는 여러모로 어려운 존재다. 얼굴은 한국 사람이지만, 어떤 때는 한국식이고 어떤 때는 미국식이다. 말도, 문화도, 사고방식도 다르다. 거기다 자꾸 물어보면 잔소리라 하니, 꾹 참고 있다가 어제서야 겨우 물어보았다. 어렵게 여권과와 통화를 했는데 담당자가 출국 2주전 사람들 이름 밑에는 서둘러 여권 발급을 빨리하라는 표시를 해 두었다고 했단다. 그게 무슨 의미인지 사위 자신도 정확히는 모르겠다고 나한테 설명한다.

나는 초조하다. 한국 교육이 잘못된 건지, 미국 교육이 맞는 건지 모르겠지만, 미국 사람들의 느릿한 일 처리를 보면 속이 터진다. 내가 병원에서 일할 때도 마치 낡은 레코드판이 돌아가는 것처럼 일이 굼떠 보였다. 우리 병동에서 바쁘게 뛰어다니던 사람은 나와 베트남계 출신 간호사뿐이었다. 환자와 보호자들은 얼마나 답답했을까 싶어, 내 일처럼 돌봐주던 기억이 난다.

집에서도 그 역할은 어머니의 몫이다. 어머니는 앞뒤를 내다보며 큰 그림을 보고 챙겨야 한다. 내 딸은 사위를 믿고 맡겼는데, 이런 일이 벌어진 걸 보면 모든 것을 사위에게 맡긴 내 딸의 잘못도 있다. 여권에 대한 중요성을 감지 못한 둘 다의 책임이다.

드디어 답답해하던 딸이 나섰다. 자기가 사는 해당지역의 연방 하원의원인 한국계 미셸 오피스에 전화를 했다. 다급한 상황을 이해한 그곳 직원이 국무성에 연락하여 가기 하루 전에 여권을 받았다.

아이들은 처음으로 부모님의 나라, 조부모님의 나라에 간다며 들떠 있었는데 여행이 착오가 생겼다면 얼마나 실망 했을까. 미국식 교육의 여유로움이 나를 당황하게 만든 한편의 얘기다. 떠나기 하루 전에 여권을 받았으니 본인도 얼마나 애가 탔을까 싶어 나도 입을 다물었다. 남보다 느려도 정확하게 일 하는 사위인데 이번엔 느려도 너무 느렸나보다. 그 과정에서 배우고 똑 같은 실수를 하지 않으면 이번 사건이 큰 교훈이 되면 좋겠다.

헛똑똑이

며칠 전, 나는 너무나도 바보 같은 일을 저질렀다. 평소 성경의 잠언을 읽으며 지혜를 얻고자 했건만, 정작 삶에서는 헛똑똑이 짓을 해버린 것이다.

2년 전, 남편과 함께 어바인에 있는 전화기 파는 상점 스프린트 매장을 찾았다. 우리 집에서 한 시간 거리였지만, 딸네 집에 볼일이 있어 간 김에 들른 곳이었다. 마침 한국말을 하는 젊은 직원이 좋은 거래가 있다며 권했고, 얼떨결에 휴대전화를 하나씩 새로 장만했다. 그런데 문제가 있었다. 기존 번호를 유지하려면 추가 요금이 필요하다는 것이었다. 전화번호를 바꾸는 것은 여간 번거로운 일이 아니었다. 수많은 지인과 연락처를 새로 공유해야 하고, 여러 서비스의 인증 번호도 다시 설정해야 했다. 뒤돌아 나오는 우리를 붙잡으며 직원이 말했다.

"20불씩만 더 내시면 번호를 그대로 유지할 수 있어요. 다만 3개월 동안은 새 번호를 사용해야 합니다. 그 후에 전화만 주시면 원래 번호로 바꿔드릴게요."

그 말을 믿었다. 한국말을 하는 직원이었으니 안심이 되었다. 하지만 3개월 동안 새 번호를 쓰며 친구들과 통화할 때마다 불편함을 호소해야 했고, 어쩐지 규정을 어긴 듯한 찜찜함이 남았다. 그렇게 세월이 흘러 3개월이 지나고, 원래 번호로 돌려달라고 전화를 걸었더니, 코로나로 인해 업무가 중단되었다는 답이 돌아왔다. 세상이 멈춘 와중에 전화번호쯤이야 대수겠나 싶었지만, 내 선택을 후회하는 마음은 커져만 갔다. 결국 6개월이 지나서야 번호를 되찾았다.

시간이 흐르고, 계약한 휴대전화 비용을 다 갚았다고 생각했는데, 회사에서는 아직 6개월 치가 남아 있다고 했다. 처음 계약할 때 작은 글씨 하나하나를 꼼꼼히 읽을 수도 없었고, 같은 한국 사람이니 믿고 계약했던 것이 화근이었다. 결국 추가 비용을 지불해야 했다. 화가 치밀어 올랐다. 마침 스프린트가 티모바일과 합병되면서 시스템도 복잡해졌고, 더 이상 참을 수 없어 스펙트럼으로 갈아타기로 결심했다. 텔레비전 광고에서 본 저렴한 요금제도 한몫했다. 이번엔 똑똑한 선택을 했다고 믿었다.

그러나 또 한 번 당했다. 스펙트럼 매장에서 5시간을 기다려 어렵게 서비스 변경을 마쳤건만, 며칠 후 이메일이 도착했다. 우리가 선택한 요금제의 데이터 용량이 고작 2GB였고, 이를 초과하면 요금이 기하급수적으로 올라간다는 것이었다. 당황하여 도움을 준 직원에게 연락하자, 오히려 역정을 내며 말했다.

"당신들이 데이터를 많이 안 쓴다고 해서 2GB를 추천한 거예요!"

결국 우리는 무제한 데이터 요금제로 변경했고, 매달 내야 하는 요금도 훌쩍 올라버렸다.

순간, 이런 생각이 들었다. 내가 살아온 미국이 변한 것인가, 아니면 내가 정말 헛똑똑이인가. 세상은 점점 더 영리해지고, 기업들은 합법이라는 이름 아래 소비자를 현혹하는 기술을 갈수록 정교하게 만들어간다. 결국, 모든 책임은 '제대로 알아보지 않은 소비자에게 전가되는 것이다.

　이제는 더 이상 헛똑똑이로 살지 않으리라. 세상과 맞서서 꼼꼼히 따지고, 정확히 이해한 후에야 결정을 내리리라. 억울한 일은 다시는 당하지 않을 것이다.

　나는 그렇게 다짐했다.

개들의 세상

시카고 사는 남편 친구는 개를 일곱 마리나 기른다고 한다. 자식이 세 명인데 손자와 손녀는 한 명도 없고 모두 개들만 기른다고 한숨 섞인 볼멘소리로 말했다. 자기 집은 그야말로 '개판'이라고 한다.

그러고 보니 요즘 세상이 개판이다. 내가 사는 동네도 개들이 한 집에 세 마리씩 있어 새로 이사 오는 사람들은 개를 두 마리 이상 못 키우는 법도 만들었다. 우리 집도 예외일 수는 없다. 아들이 동물을 좋아해 어려서는 이구아나를 어항 같은 곳에 넣어 따듯한 전열 도구도 넣어주고 생쥐를 사다가 먹이며 순간순간 들여다보았다. 그 애완동물 덕에 비싼 전기료까지 치러서 혼이 났던 기억이 새삼 난다. 그놈이 커지니 집에서 더 이상 기를 수 없었다. 큰 동물처럼 걸려 동네 애완동물 가게에 도로 갔다가 준 적도 있었다.

아들은 나가 살더니 소원대로 개를 두 마리를 길렀다. 개를 좋아하다가 결혼할 여자도 개를 통해 만났다. '개'라는 공동화제가 있어서 사랑이 싹텄나 보다.

6개월 전 둘째 딸도 개를 캐나다에서 수입해 왔다. 이름하여 메이플이다. 아이들이 세 명에 아직 완쾌되지 잃은 남편까지 무슨 정신에 개까지 기르나 싶었지만 그건 오로지 나의 기우였다. 아이들과 남편이 메이플 덕에 즐거운 나날을 보낸다고 했다. 둘째 사위는 자기 전화기 맨 앞에 그 강아지 사진을 넣어서 다니는 것을 보고 개들의 무엇이 사람들을 미치고 사랑하게 만드나 의심스럽다.

종종 길 가다 보면 개 가진 사람들은 가던 길을 멈춰서 서로 개 얘기에 웃고 떠든다. 그리고 쉽게 친해진다. 마치 자기 자식 자랑 하는 것 같다.

유튜브를 보면 개가 얼마나 충직한 동물인지, 눈치도 빠르고, 사람 마음도 알아주는 게 웬만 한 못된 인간보다 백번은 나은 것 나도 짐작은 간다.

'어느 시아버지가 아들 집에 가서 살았는데 그 집의 우선순위로 강아지가 두 번째였단다. 시아버지는 여섯 번째였다. 시아버지는 아들에게 여섯 번째는 고향으로 돌아간다.'라고 쓴 편지를 남기고 갔다는 글을 읽은 기억이 난다. 그 글을 읽고 정말 세상이 개판으로 돌아가는구나!! 생각했다.

어렸을 때 우리 집에도 하얀색 등에 검은 점이 듬성듬성 난 중간 크기 개가 있었다. 뒷마당에서 길렀는데 밥을 주면 잘 먹고 별 탈 없이 자랐다. 나는 그 개에 관심이 없었다. 그때는 사람이 우선이었던 시대였다. 요즘은 개가 우선인 세상에 우리는 산다.

우리 동네는 정규적으로 'BARK'라고 쓴 큰 차가 와서 동네 개들의 털을 깎아 주고 목욕시켜준다. 내가 병이 나면 우리 아이들은 나를 정규적으로 머리 깎아 주고 목욕시켜 줄까? 물론 아니다.

몇 해 전 브라질에서 부에노스아이레스 시내를 관광하였다. 그때 가이드가 이곳에 집 없는 개가 많으니 물리지 않게 조심하라는 안내를 했다. 말대로 노숙하는 개가 이리저리 공원에 퍼져 돌아다녔다. 개를 마주칠 때는 나는 두려워 도망 다녔던 기억이 난다. 예방 주사도 안 맞힌 개들에 물리면 광견병에 걸린다고 안내자는 겁을 주었다. 전 세계가 개가 많아지는 것을 내 눈으로 똑똑히 보았다. 사람은 아기 기르기 힘들다고 애들을 안 낳고 개만 기르면 지구가 개로만 덮어질 날이 올 것 같은 무서운 상상을 해 본다. 아무리 의리 있고 말대꾸도 안 하고 착하게 군다지만 강아지가 아기보다 귀엽고 사랑스러울까? 심각하게 고민해 본 적이 있다 그렇게 예쁘다면 나도 길러보고 싶은 마음이 생겼다. 노후에 외로움을 달래기는 최고의 선택이라고 들었다. 나에게 그 기분을 알려줄 수 있는 기회가 왔다. 아들이 출장을 간다며 강아지 두 마리를 우리 집에 며칠 맡기었다. 남편과 나는 둘 다 얼떨결에 맡아서 걱정했는데 생각보다 강아지랑 친하게 지냈다. 손자들을 돌볼 때는 식사하고 목욕시키고 잠재울 걱정이 커서 노심초사했다. 강아지는 만지면 물컹물컹한데 싫었는데 자꾸 만지니 그것도 습관이 되었다. 싫다고 해도 자꾸 껴안기면서 뭐라고 말하는 듯, 쳐다보는 눈이 애틋한 게 정이 들었나 보다. 며칠 후 아들이 찾으러 왔는데 섭섭했다. 이래서 개를 기르나 그들의 마음을 조금 알 것 같기도 했다. 나도 동물 애호가가 될 가능성이 엿보인다. 개판까지는 몰라도 강아지 한 마리쯤 길러보고 싶고 또 아이들이 맡긴다면 기꺼이 그 마음을 타진해 보고 싶다.

제7부

영어 작품 여덟편

1-6 : Translated By Yoon H. Lee
7 : My mother By Carolina R Hahn(Daughter)
8 : My Grandmother's Truth By Naomi Hahn(Granddaughter)

A Friend Living in Germany

After a two-week trip through Northern Europe, as my final itinerary item, I left the group tour to meet my friend Y, who lives in Germany. Forty-two years ago, after graduating from university, Y emigrated to Germany, and I emigrated to the United States. We were busy with our own lives and didn't keep in touch for a long time, but about ten years ago, we reconnected through a mutual friend from Seoul. Two years ago, Y visited me and stayed for a short while.

At the time, I felt a great sense of disappointment with our brief meeting of only two nights and three days. However, we had another opportunity to meet again in Korea last year, and in the meantime, her German husband G and my husband also became friends. This trip marked our third meeting.

Y, who had been proficient in German since her university days, now spoke so naturally that she seemed no different from a German, appearing to be completely assimilated into

German society. As the only person of Asian descent living in that area of Germany, she lived a German life not only in appearance but also in her inner self. Her clear attitude, strict principles, and the way she cultivated her garden with a love for flowers revealed her disposition. Despite her small stature, she diligently watered her plants every morning and evening.

Y practiced a healthy lifestyle by directly growing various organic crops such as lettuce, cucumbers, tomatoes, and kale. She resided in a region called 'Winsen,' located about an hour away from Hamburg, a quiet Northern European town where winter lasted for more than six months. After three years of study, Y became a licensed acupuncturist and was treating patients in a medical room set up in her home. It was impressive that, unlike in the United States, it was possible to practice medicine within one's home.

The area where Y lived boasted beautiful scenery filled with endless wheat fields and barley fields swaying in the wind. In this place where wheat fields and forests alternated, Y had maintained a 13-year habit of walking for an hour and a half every Monday, Wednesday, and Friday with the locals. Their consistent routine, rain or shine, gave me the feeling of walking through an American national park. My husband, seeing how well I walked, remarked with surprise, "I thought your legs were hurting, but you're walking just fine."

German people were diligent and sincere, and above all, they adhered to strict principles, especially in economic matters. Even when eating out, they insisted on the 'Dutch pay' culture, always splitting the bill in half. It seemed that our generation, who had immigrated, had not yet completely shed our Korean way of thinking. They said they willingly paid half of their income in taxes because the government guaranteed their retirement. This was in contrast to the attitude of American immigrants who try to reduce taxes in any way possible and only look for benefits.

Here's the English translation of the final two paragraphs:

A few days ago, I visited a restaurant run by Y's sister. Inside the busy restaurant, the staff were working diligently, and even the chef came out to help with serving. When ordering meat, we had to choose between soybean paste stew and steamed eggs. Because Y's sister was the owner, I asked if we could have half portions of each. However, the chef, sticking to the rules, firmly refused. I was momentarily taken aback, but while I thought it showed thorough employee training, I, being accustomed to Korean sentiments, felt a bit disappointed.

Observing Germany's adherence to principles and honesty, I realized that our society's compromise and flexibility could lead to accidents. The Sewol Ferry disaster came to mind, and I became aware that I, too, was living without completely abandoning Korean ways of thinking. The saying "If I do it, it's romance; if others do it, it's an affair" crossed my mind, prompting me to reflect on myself.

They say that German people are honest and don't know about backroom deals. They said that such a way of life makes them happy. It's a simple truth, but the reality is that it's difficult to put into practice. I was reminded once again of how important the power of education is. Although I've gotten older, I resolved to change my own way of thinking, live a life according to principles, and be reborn as a new me.

Daily Life in an Obstetrics and Gynecology Ward

When my husband got a job in Irvine, I had to find a new hospital. In November 1981, I applied to UC Irvine Medical Center and was waiting to hear back. As the year-end approached, I decided to take a break. As a mother of a five-year-old and a one-year-old, I thought it would be good for them too if I rested at home. That was in the early 1980s, a time when there was a shortage of nurses, so finding a job wasn't too difficult. My seven years of nursing experience in the United States also helped a lot.

My first interview was with Tessa, the Caucasian head nurse of the Obstetrics and Gynecology department. I chose OB/GYN because I thought my experience in outpatient clinics would be different from working in a ward. The interview went more smoothly than expected, and Tessa, after showing me around the ward, asked with a smile, "Are you hired?" I smiled back and replied, "Of course, definitely."

The orientation at the university hospital was six months long. I had to relearn everything from the basics, just like a newly graduated nurse. While learning how to insert IVs, check blood sugar, measure blood pressure, and draw blood one by one, I became a better nurse. When I received my first paycheck, I was disappointed with the smaller-than-expected salary for a level 1 nurse. However, following a colleague's recommendation, I went to the HR department and requested recognition for my experience. Surprisingly, they readily agreed, and that experience made me feel more confident. From that day on, I learned to "speak up" and realized the importance of making my voice heard in American society.

My working hours were from 3 PM to 11 PM. After my husband came home from work in the morning, I was able to have dinner with my daughters. Many American nurses didn't prefer this shift, but as a mother of two, I found it to be a more economical and convenient time. Of course, I missed not being able to spend the evenings with my children, but the fact that we could save money was more important.

Then one night, while the nurses were changing shifts and discussing patient conditions, Tessa appeared in the ward. It was the first time the head nurse had come to the ward at night.

Amidst everyone's whispers and the uneasy atmosphere, I realized for the first time that this hospital was a place where things were thoroughly managed. While working in the ward, we all had to fulfill our roles faithfully. There were important tasks such as managing narcotics and patient information, and among them, an incident involving a fellow nurse named Stella shocked me greatly. Stella was a drug addict who was working as a nurse under false pretenses, and eventually, the truth came to light. Through that incident, I once again felt the fairness and thoroughness of American society.

When I was pregnant with my third child, I was filled with anticipation that it might be a son. Having only two daughters, I had been hoping for a son, and I felt joy while working at the hospital and enduring the difficult tasks because of this expectation. However, as time passed, I came to a deeper realization of the physical toll on my body after childbirth. Taking care of children is still hard work, but I didn't regret that choice. Taking care of my family has always been important, and it was the necessary decision for me.

After my son was born, I decided to switch to part-time work. The cost of childcare was too expensive, and that choice was the best option for us. I was grateful that the nursing profession allowed for both full-time and part-time work, so I could choose a schedule that suited me.

Now, looking back on my over 50 years of life in America, I reflect on how much that small bit of courage changed me. Just as I learned the importance of "speaking up" and came to live my life more actively, I hope that my story can give courage to someone else.

The True Hometown I Found in Huntington Beach

My hometown is Gangwon Province. However, I left there at the age of six and grew up in Seoul, graduating from elementary school to university there. When I visited Gangneung this year, the only person I knew was one great-aunt who was over 100 years old. My aunt was living alone and lonely. In that place where there were no friends or relatives to warmly welcome me, I began to rethink what the true hometown I longed for might be. The hometown scenery I had longed for in television dramas did not exist in reality.

Life in Seoul was no different. I didn't know where my elementary school friends were, and I met my middle and high school friends briefly for lunch in the middle of Insadong before we parted ways. The same was true for my university friends. So, does a hometown necessarily have to be in the countryside? Gangneung was no longer the rural place I remembered. I couldn't even recall the names of the friends I played with as a child.

In September 1980, my husband and I moved from Montebello to Huntington Beach with our two daughters, who were four and one year old. On our first day of moving, someone had left a note on our car windshield parked in front of the house. It said to move the car. It seemed like the neighbor next door had written it. At that moment, I missed my old neighborhood. Huntington Beach at the time was 70% white and was known as a city with strong white supremacist tendencies. Forty-three years ago, their attitude towards other races was much worse than it is now. But as time flowed, Huntington Beach also changed. As the number of Asian people increased, discrimination seems to have decreased a lot. There are now five Korean households in the gated community where I live. We don't see each other often because we are all busy, but whenever we run into each other, we wave and greet each other warmly.

Two years after moving to Huntington Beach, I unexpectedly received news of a pregnancy. My husband had left for Korea after hearing about his father's critical illness. I considered having an abortion on my own. At the time, we had no one to look after a baby, and we weren't financially well off, so raising three children was unimaginable. However, my older sister's advice changed my mind. My sister persuaded me, saying, "Who knows? The baby in your womb might be a son!" The child born a few months later was indeed a son. That year, six sons were born in our neighborhood, and these children grew up together in kindergarten and the neighborhood.

I naturally became friends with the mothers of my son's friends. We would hang out together when the children went on Boy Scout camping trips, and we even followed them to away baseball games. Debbie, the mother of a child named Jeremy, especially took good care of me. While I was working, she would pick up my son, make him lunch, and let him play with the other children, looking after him. We are still Facebook friends and keep in touch, and whenever I visit the old neighborhood, I still meet up with Debbie, who still lives there. Debbie was like a loyal pine tree guarding her hometown.

Another memorable neighbor was the couple Betty and Jerry. They were about 20 years older than us and always helped us whenever we had difficulties. Once, they resolved an insurance issue we were worried about by making phone calls on our behalf, and they also helped us get a refund for our airline tickets when our trip to Miami was canceled due to a hurricane. On the day they moved to Florida, I hugged them and cried.

I can't forget our neighbor from the house behind us, who had the nickname Pickle. As a mother of six, she was a great help to me by sharing the responsibility of taking our children to school in the mornings and evenings. Pickle was different from other neighbors. She was humble and kind, and never showed off. We became good friends and often visited each other's homes. She still lives in the same house even now.

Life in Huntington Beach has left countless memories for me and my family. In the early days after moving here, I would build castles on the beach with my children, and it reminded me of my hometown. When the waves would come in, I would miss my mother, and I even felt the urge to leave everything behind. But those thoughts would soon disappear in the busyness of daily life. Now that the season of my life is reaching the doorstep of winter, a longing for my hometown has returned. Even as I see nearby neighbors reverse-immigrating to Korea, I have decided to continue living here. This place, with friends like Debbie and Pickle, and my family, is truly my hometown. Not Gangneung in Korea, where the people I knew have left, but Huntington Beach, filled with memories and people. I now gently lay down my heart, which had always looked across the ocean, in Huntington Beach.

Having a Dream

In 1972, after graduating from the nursing department of Ewha Womans University in Korea, I worked as a nursing teacher at Maehyang Girls' High School in Suwon for a year. Following that, I worked at the Ewha Womans University Health Center for a year before leaving for the United States in May 1974. The Pan Am flight departing from Gimpo Airport refueled in Hawaii and then arrived at its final destination, San Francisco. There, I went through immigration procedures and then took a domestic flight to Los Angeles Airport.

As a single woman, I stayed at my older brother's house in Gardena for three months before getting a small apartment in Los Angeles with two friends. It was just a space with a kitchen and a bathroom, without any rooms, but we started our new lives there. Having no ward experience in Korea, I began a challenging life as a nurse. Temple Hospital, located near our apartment, primarily cared for elderly patients. Since I didn't have a U.S. nursing license at the time, I worked as a nursing assistant, heading to the hospital every night at 10:30 PM. The hospital was full of Filipino nurses, and I was usually assigned the most difficult patients.

During the day, I studied in a test preparation class run by the nurses' association. More than anything, English was the biggest hurdle. My main task at night was changing the diapers of unconscious patients, and everything felt unfamiliar and difficult. In particular, my Samoan partner, who was large and had a strong presence, even seemed scary at first. As these days repeated, I became exhausted both physically and mentally.

Then one day, an elderly patient I was taking care of passed away. I didn't know when he had passed, and the sudden situation filled me with fear. It was the first time in my life that I had faced death. I called a registered nurse, and she told me not to worry, to clean the patient's body, and to plug the orifices with cotton. It was my first time experiencing such a thing, but I did my best to handle it as instructed. They said the patient had been expecting death. Time has passed, but the fact that I wasn't there for his final moments still weighs on my mind, even after 50 years.

In November of that year, I took the exam at the Long Beach

Convention Center and obtained my official Registered Nurse (RN) license. Since 1975, I have worked at only two hospitals. For the first seven years, I was at the California Medical Group outpatient surgery, and for the subsequent 30 years, I worked at the University of California, Irvine Medical Center.

One thing I realized while working as a nurse in the United States was the difference compared to Korea. In the US, nurses were respected as equal members of the healthcare team alongside doctors. In Korea, nurses primarily stayed in the role of following doctors' orders, but in the US, nurses could also make independent judgments and utilize their skills as independent professionals.

In 2002, I visited Korea for the 30th anniversary of my university graduation. The Ewha Womans University Alumnae Association was busy preparing for a May Day event. I went on a one-night, two-day trip with my classmates on a chartered bus. On the bus, some friends mentioned that although they graduated from Ewha Womans University, they didn't reveal that they were from the nursing college. They said it was because of the atmosphere in Korean society that didn't recognize nurses as professional workers. The reason for this was the discriminatory division of roles between nurses and doctors within hospitals, and the social perception that supported this difference. My friends said this stemmed from feudalistic gender discrimination. I was reminded once again that social systems deeply influence the values and perceptions of their members.

The university hospital where I worked was different from private hospitals. Everyone from the hospital director to the cleaning staff were state employees receiving salaries from the state and enjoying the same benefits. If a doctor mistakenly gave a wrong instruction, it was natural for them to consult with the nurse and double-check. This wasn't seen as the doctor being looked down upon by the nurse; rather, a culture of respecting the nurse's expertise was established. Looking back, the path I walked as a nurse was not easy. However, because of the experiences and lessons I gained in that process, I am who I am today. Above all, I realized that being by the patient's side during their final moments is the most important calling of a nurse.

In-law

My second son-in-law's mother was diagnosed with lung cancer and begins radiation and chemotherapy today. Although treatment is finally starting after more than three months of testing, we have spent that long time anxiously praying, desperately hoping it wasn't cancer. However, as we cannot presume to fathom God's great will, we are left with the reality of simply surrendering and accepting it. I am worried about whether her frail body, weighing less than 100 pounds, will be able to endure this arduous treatment process.

Looking back, her health began to decline rapidly last August. She contracted COVID right before a trip and was prescribed medication, but she said she only took half doses on her own because the medicine was too strong. If she couldn't even properly take the COVID medication, I can't even begin to imagine the pain she will endure now with both chemotherapy and radiation therapy. It's hard just to hear about it, so I can only imagine how overwhelmed she must feel. I also feel a sense of darkness looming. Moreover, she is someone who spent the past year struggling emotionally and physically because her son also had cancer. It is just heartbreaking that such great trials have befallen one person in succession.

People around me might not understand my concern. Since the relationship between in-laws is usually not that close, they might find it strange that I am so worried. However, I sincerely like this particular in-law. My second daughter also speaks highly of her mother-in-law, saying she is "someone without a single flaw." If a daughter-in-law says such a thing, wouldn't you be able to guess her character and attitude towards life? My husband and I once went on a month-long cruise with my son-in-law's parents. During that long time, they showed consistent good nature, always had a smile on their faces, and I never once saw them get irritated. Both of them serve as elders in their church, and I thought that the church members had really chosen excellent people.

Even today, I start my day praying for her and end my day with prayer. I even have an uneasy feeling, wondering if this happened because my prayers were insufficient. I feel helpless in the face of things that are beyond human power, but still, praying is the only thing I can do. I earnestly hope that she will complete the six weeks of treatment safely and endure it without severe side effects. I pray that God will uphold her and give her the strength to overcome this trial, and today, too, I lift my hands in heartfelt prayer.In-law

My second son-in-law's mother was diagnosed with lung cancer and begins radiation and chemotherapy today. Although treatment is finally starting after more than three months of testing, we have spent that long time anxiously praying, desperately hoping it wasn't cancer. However, as we cannot presume to fathom God's great will, we are left with the reality of simply surrendering and accepting it. I am worried about whether her frail body, weighing less than 100 pounds, will be able to endure this arduous treatment process.

Looking back, her health began to decline rapidly last August. She contracted COVID right before a trip and was prescribed medication, but she said she only took half doses on her own because the medicine was too strong. If she couldn't even properly take the COVID medication, I can't even begin to imagine the pain she will endure now with both chemotherapy and radiation therapy. It's hard just to hear about it, so I can only imagine how overwhelmed she must feel. I also feel a sense of darkness looming. Moreover, she is someone who spent the past year struggling emotionally and physically because her son also had cancer. It is just heartbreaking that such great trials have befallen one person in succession.

People around me might not understand my concern. Since the relationship between in-laws is usually not that close, they might find it strange that I am so worried. However, I sincerely like this particular in-law. My second daughter also speaks highly of her mother-in-law, saying she is "someone without a single flaw." If a daughter-in-law says such a thing, wouldn't you be able to guess her character and attitude towards life? My husband and I once went on a month-long cruise with my son-in-law's parents. During that long time, they showed consistent good nature, always had a smile on their faces, and I never once saw them get irritated. Both of them serve as elders in their church, and I thought that the church members had really chosen excellent people.

Even today, I start my day praying for her and end my day with prayer. I even have an uneasy feeling, wondering if this happened because my prayers were insufficient. I feel helpless in the face of things that are beyond human power, but still, praying is the only thing I can do. I earnestly hope that she will complete the six weeks of treatment safely and endure it without severe side effects. I pray that God will uphold her and give her the strength to overcome this trial, and today, too, I lift my hands in heartfelt prayer.

Making Memories in 3 Days

My three grandchildren, whom we always say are "welcome to come, and even more welcome to leave," were scheduled to stay at our house for two nights and three days. The eldest, 11-year-old "D," who is my eldest daughter's son and my first grandchild, is already pretending to be a teenager. He often doesn't answer when called and just pretends he doesn't hear when asked for something. He frequently clashes with my impatient personality.

I used to adore him so much when he was a baby. Around the age of two or three, when he was going to daycare, I even adjusted my work hours to pick him up. Of course, D won't even remember this, but I poured so much love and care into him, and it feels a little disheartening that he doesn't know that. This time, he's coming to our house for three days as a summer vacation to make memories, but to be honest, I'm more worried than excited.

My biggest concern from the moment I wake up is what to feed him. D, who likes sweets and American food, only asks for bacon and sausage. On regular days, he eats bread and eggs, and sometimes even salad, but our table is bound to disappoint him. However, I can't give him unhealthy bacon every day either.

The easiest thing on the day's schedule was going to the beach. A bag containing four beach towels, sunscreen, a snorkel, water, and drinks was quite heavy to carry alone. When I asked D for help, the little gentleman born in America didn't offer to carry it himself; instead, he whined about how heavy it was. I wanted to ask him, 'So, should your grandmother, who's over 70, carry it?' It really seems like 2-year-olds are easier to deal with than 3-year-olds. It's not just the language; the culture itself is different. They were just cute when they were younger, but by the time they turn five, their personalities become strong, and they clearly state their opinions, whether you like it or not.

When it came time to decide on the lunch menu, all three wanted different things. D wanted an In-N-Out burger, 8-year-old N wanted Chipotle (Mexican salad), and the youngest, L, said he wanted curry rice. In the end, we decided to have hamburgers for lunch and curry rice for dinner.

Here's the English translation of the next paragraph:

Eight-year-old N is a 'drama queen.' She pretends to be quiet and well-behaved, but she says everything she wants to, and her emotions swing wildly. She acts out plays by herself, dances, and sings. She can be laughing one minute and suddenly burst into tears the next, and when she argues with her older brother, words pour out of her like a flood. These children don't know any Korean because their parents only use English at home, so they have few opportunities to be exposed to the language. Some families send their children to Korean school every Saturday, but our grandchildren don't have time for Korean language education because they are learning sports and ballet. Perhaps because of this, their English vocabulary seems richer than children who speak two or three languages. Our eldest daughter tells us to speak Korean to the children even if they don't understand, but we're the ones who feel frustrated. Even when we use all the English words we know, communication isn't easy, so wouldn't it be even harder if we spoke Korean? We need to be able to communicate with our grandchildren to connect with them emotionally, and that's how memories will be made.

A few days ago, my younger sibling and their spouse came from Korea with their 7-year-old granddaughter. That child spoke Korean so naturally, and it felt like we were from the same generation, which I secretly envied. My nieces and nephews who came from Korea shared their feelings and communicated with us more easily, but I felt a certain distance with my grandchildren. Just because we're family, grandparents and grandchildren, doesn't mean we automatically understand each other. How can we bridge this gap? I realized that it's important not to neglect Korean language education and to send them to Korea often. It's truly sad when family members can't communicate in the same language and don't share the same culture. This is a reality I didn't even consider when I immigrated 40 years ago, and now it's finally upon us. I should teach them Korean before they get any older, but since they aren't my own children, I'm frustrated that I can't do more than offer advice. My husband, however, doesn't care and only speaks to the children in Korean, whether they understand or not. As a result, we often burst out laughing at how we sometimes talk past each other as if we're speaking in monologues.

Here's the English translation of the final two paragraphs:

The youngest, L, has just turned five. She bosses around her older brother and sister and tries to get her way by crying if things don't go her way. She's so clever that she has a knack for making even adults do what she wants. "Grandma, this outfit is pretty, can you buy it for me?" "Grandma, I want to eat pancakes." Her requests are simple, but not easy to fulfill. Unlike most kids who eat what's served, she strongly asserts her preferences. Staying at her grandparents' house for two nights and three days without her mom and dad wouldn't have been easy. She knows her mom is traveling and her dad had to come because of work, but she still cries for her mom at night. Maybe it's just that she's looking for a reason to cry. Still, she's a cute child. She's been going to preschool since she was two and is now entering kindergarten. She has a strong personality that no one can easily take advantage of, and she will navigate the world with the survival skills she's learned from her older brother and sister. Don't they say that "bullying" exists even in children's society?

There's an old Korean saying, "Summer guests are scarier than tigers," and a Western proverb, "Fish and summer guests stink after three days." During the three days, we watched the movie "Rio 2" at Bella Terra and went swimming in the ocean twice. D, who used to swim for two hours every day, got a glorious forehead injury while jumping, but thankfully he stopped after that. L lost her swim vest at the pool, but overall it was a relatively safe and enjoyable two nights and three days. We went to Walmart to buy school supplies and also bought ice cream. It was a mentally exhausting but sweet and happy time.

On the day they left, I was grateful that for the first time in a long time, I could sleep soundly without waking up at 2 or 3 in the morning. However, the next day, I started to vividly miss the sight of them leaving. I should make more wonderful plans for our next memory-making time. I think I need to find ways to further narrow the gap between the third generation and the first generation.

My Mother By Caroline R. Hahn(Daughter)

My mother has always been a very strong and resilient woman. Born at the beginning of the Korean War, my mother was the fourth daughter in a family with only one son. My mother's relatives urged my grandmother to abandon her on the side of the road, as so many families did with their daughters during the war because it was so difficult to care for a newborn on their perilous journey to the South. My grandmother refused to leave her daughter, and she was raised to be obedient and quiet. My mother was the smartest among her sisters, graduating from Ewha University with a nursing degree. She chose to become a nurse at the recommendation of her father, who believed it would be a reputable career for a woman. If given the choice, my mother would have chosen to become a doctor. My mother was ahead of her time, ambitious in her abilities as a student but not so in her dating life.

My mother moved to Los Angeles, California in 1974. She

wanted to test the waters in the United States to see if it was a place she could see herself living. Her older brother and sister were in the United States. After one year, her sister decided it was not for her, so she went back to Korea. Her brother, who was a pharmacy student in the United States, returned to Korea for a high school reunion, when he died in a fire that erupted in the building where the reunion took place. Alone, my mother returned to Korea and met my father, a recent college graduate who had finished his military service. They met for the first time in a blind date, set up by my father's good friend who was also my mother's relative. They did not fall in love quickly or passionately. Theirs was a love affair detailed in the letters they wrote to each other while my mother was in California, living in a one-bedroom apartment and studying English, and my father was in Korea. They married in Korea and my mother returned to California to study for the nursing board examination while my father waited for his visa. Two months before I was born, my father entered the country with $200 cash in hand. They made it work somehow. My father worked at Korean Airlines during the night, and my mother worked as a nurse during the day so they could take care of me. Their time in the United States was not without its challenges. They were struggling to make a living, learn the English language, and raise a child. My father said he did not regret moving to the United States. They believed in the American dream even if they did not know what it was called.

My mother retired after nearly 30 years as a registered nurse. She was well known around UCI Medical Center. People would call her "Kyu" with a smile. My mother knew a lot of people, she helped a lot of people, especially Koreans who could not speak English and did not understand the complicated medical system. My mother has always been a problem solver. She has always spoken her mind and taught her children how to advocate for themselves. I think that is the reason I chose to be a lawyer. I grew up watching my mother advocate for herself and others. I also grew up advocating for my mother. I was her voice when she believed she had no voice. I translated her broken English into English that made sense not only grammatically, but in content. My mother said I was able to express exactly what she wanted to express. I had the ability to communicate well, but I found it the most difficult to tell my parents what I wanted. I realize now that although I was able to speak on their behalf, I was not able to express my desires and goals to them. It was partly because my parents had their own goals for me, and I recognized them even if I did not desire them. I recognized the difficult life and the sacrifices they made for me, and I somehow made their desires my own. I felt a deep sense of gratitude and a heavy obligation to do what made them proud, which at the time seemed only to be a doctor or a lawyer. When I was in college, my desires were always met with the question, "what will my parents want." I wanted to make them proud. Even now, as I am nearly 50 years old, I seek to make my parents proud, and my mother encourages me to become a judge even if that is not what I want to do.

My mother from time to time would say to me, that she wishes she was born and raised in the United States, like me. She wonders about what she could have done and how her life would have been so much better. My mother is witty and smart, incredibly strong and fierce, never satisfied with her lot in life, always seeking more, believing she deserves better. I do not know if that is unique to my mother or traits shared by all immigrants who had to survive in this foreign land. But I know my mother is unique. She is one of kind. Rough around the edges, but full of love and advice whether you chose to accept it or not- she is always there to impart her wisdom and give you, her opinion.

My Grandmother's Truth By Naomi Hahn (Granddaughter)

I grew up wondering why my grandmother always had such strict rules, expectations and standards for how my mother and subsequently, how me and my sister should behave. I always chalked it up to her being a Korean immigrant who just had cultural barriers. What I didn't realize was the effect her job as a nurse had on her.

The US, when she was in her early 20s, was handing out many visas because they were short on nurses. My grandmother jumped at the opportunity and got a visa to get her nursing license. When she started working as a nurse, she felt an extreme amount of racism, discrimination, and underestimation from not only her white employers, but the other female nurses she worked with. Her laborious, demeaning, and oppressive experience as a nurse caused her to implement strong ideas and expectations in our family of what a successful mother, career, and Korean American woman should look like, forcing me to navigate those pressures.

Employers often are unaware or unwilling to recognize the emotional toil and impact discrimination takes on care-working mothers. That impact has long-lasting consequences on women around the US.

My grandmother was a very prideful woman, but it stemmed from her status and intelligence in Korea.

She attended EWHA, a private women's university, which is one of the top most prestigious schools in all of Seoul. There, she was considered smart, capable, and respectable.

Her family was comfortable, and money was never a concern for her growing up. But coming to America, people treated her the exact opposite way. Her employers and her fellow co-workers would assign or dish off the hardest, dirtiest work to her. They would talk behind her back, make fun of her accent, and make it known to her that she was "lesser" than.

How could she not start to feel inferior and unworthy at her own place of work? Her self esteem and confidence slowly started to dwindle more and more. At that point, strength and resilience was necessary to survive each day. Those two attributes are things that female care workers are forced to embrace, when dealing with their circumstances.

In the film Auntie Kristina, I saw women of color being resourceful and resilient in order to get things done. The US government, huge institutions, and political figures were all underestimating the magnitude of COVID at first and failed to provide enough resources (masks) to protect her surrounding community.

Kristina and the other women who were part of the Auntie Sewing Squad understood the way institutionalized systems worked against them and how they underestimated the women and workers who would actually get stuff done.

In addition to discrimination, racism, sexism, etc., employers exploited their workers for their own economic benefit. This can take hold in many forms.

In the article "Care as Relational Practice," Valerie Francisco Menchavez discusses the ways caregivers' efforts are not compensated or acknowledged justly, considering the quality of work many of them are providing.

Care workers were referred to as "pawns in the institution.

In general, employers only see care" as a transactional form of labor that they gain financially from. But care workers see the work they are doing as more than just labor. Ultimately, the circumstances for the patients worsen because employers don't prioritize the quality. And then, the care workers "also become subject to poor treatment and are relegated to invisibility as well". Ultimately, this type of institutional manipulation and economic exploitation minimizes the ability and autonomy of care workers. An example of extra work that isn't compensated for is the way my grandmother had to act as an unofficial Korean interpreter and translator in the hospital where she worked.

Whenever Korean clients came in, my grandmother would be the one assisting them. She was the one who would break the hard news to them if something went wrong. She was the one who sat with them and felt the weight of their pain. She was paid as a nurse but had to navigate something a doctor might do. Not to mention all the extra work she put in to understand and keep up with her white coworkers, despite the cultural and language barrier. No one ever recognized the extra time and devotion she gave.

Korean women, culturally, are taught to put their heads down and work hard. But it was not like she never complained. Her complaints to HR or the desire for better hours were just never treated seriously. So nothing ever changed.

What I admire the most about my grandmother is that despite everything she went through, she never wavered in her respectful and devoted attitude.

Because of the way care workers are treated, whether consciously or subconsciously, they may create standards and expectations for their children to have different experiences from what they went through. In the reading "Girlness" by Lynda Barry, there were two girls juxtaposed.

One had a mother who got furious seeing little girls dress girly or feminine. She shunned her daughter (the narrator) from being able to dress or play with girly things. The mother grew up dirt poor, scraping for food and resources to survive during the war in the Philippines. Therefore, the mother's perspective is that the daughter is growing up with so much more privilege and so much more access to things than she did. Because of her mother's childhood, the narrator's girlness and identity was highly affected. The narrator's neighbor growing up was another girl Hahn 4 who was also highly affected by her mother's idea of girlness, but in a different way. The girl was beautiful and extremely feminine, but it was forced upon her. One speck of dirt on her dress would get her in trouble with her mom. The illustration read "Which was worse? Girlness that was insisted upon or girlness that was forbidden?". Both mothers were in the same war, but they lived different childhoods with different families which led them to impose standards and expectations on their daughters of what a girl should look like and how a girl should present herself to the world.

My grandmother, similarly, passed down expectations and standards onto my mom and my family based on her experiences as a nurse. She relied heavily on my mom for support and subsequently, my mom grew up feeling and carrying my grandmother's burdens. The one thing my grandmother wanted was for my mother and the rest of our family to live a life where we would never have to face the type of discrimination and underestimation she faced. Therefore, she started imposing these strict expectations. My mom was expected to work hard in school and go to law school, med school, or become an engineer. Those were the only three possible options in order to secure a well-paying job. Well-paying job meant higher status in society and thus the potential to avoid discrimination from others in power.

My mom had to find a nice husband who she would respect and have children she would provide for. Being a mother and having a career and doing it all without complaining is undoubtedly an expectation for all the girls in our family. If my grandmother did it all, then every generation after will make sure her sacrifices and pain was worth it. That is the unspoken presumption of our family.

I always felt this pressure from my grandmother. I want to be an actress, and thus I am studying acting at UCLA. Every time I see my grandmother, she will mention that I can always switch majors if I want or need. I laugh, but that small comment is indicative of the real, long-lasting feelings she has towards the path I chose. She always tells me to marry a rich and tall Korean man, so that worrying about money will never be at the forefront of my mind. And I know it is because she never wants me to have to grind in a tenuous job to support my family or be vulnerable to manipulation from others.

Reflecting on my grandmother's experience, there is so

much pain, yet so much gratitude I feel for her. Therefore, the standards and pressures I feel from her don't upset or anger me, but rather it contextualizes where she was coming from and how systems and people have failed her. My grandmother is the epitome of the American Dream—someone who grinded to provide a better life for her family. Her job as a care worker opened up floodgates of discrimination, racism, unwarranted hatred, and exploitation. I've always felt, but especially now, that as a woman of color, I have to be ten times better than others around me for me to even be treated relatively similarly. It's easy to be hurt by my grandmother for the pressures I felt. But can I blame her, after all she went through?

My grandmother is the epitome of the American Dream—someone who grinded to provide a better life for her family. Her job as a care worker, and as a Korean American female immigrant, opened up floodgates of discrimination, racism, unwarranted hatred, and exploitation in the US. I've always felt, but especially now, that as a woman of color, I have to be ten times better than others around me for me to even be treated relatively similarly to them. This is what my grandmother had to do to survive and to provide a life for her family. I'm grateful for her sacrifices and her never-ending commitment to giving us the best she could offer. I wouldn't have the opportunities, experiences, and blessings I have without her.

어느 미국 간호사의 삶의 발자국

발행일	2025년 8월 10일
지은이	김 규 련
펴낸이	이 영 균
펴낸곳	도서출판 규장
출판등록	제2018-000134호

주 소 서울시 중구 퇴계로 73길 10 흥인빌딩 1002호
전 화 82-10-9705-8848
팩 스 82-2-2278-8864
이메일 yk8850@naver.com

ISBN 979-11-91123-26-5
값 15,000원

- 무단 전제 및 복제를 금합니다
- 잘못된 책은 바꾸어 드립니다